中青年经济与管理学者文库

本书受到江汉大学“城市圈经济与产业集成管理”学科群、江汉大学校级科研项目（2021yb099）及高层次人才科研启动项目资助。

客户信息与企业债务融资研究

肖　忞　著

中国财经出版传媒集团
中国财政经济出版社
北京

图书在版编目（CIP）数据

客户信息与企业债务融资研究 / 肖忞著. -- 北京：中国财政经济出版社，2024.2
（中青年经济与管理学者文库）
ISBN 978-7-5223-2676-4

Ⅰ. ①客… Ⅱ. ①肖… Ⅲ. ①企业债务-企业融资-研究 Ⅳ. ①F275.1

中国国家版本馆 CIP 数据核字（2024）第 034256 号

责任编辑：马　真　　　　责任印制：史大鹏
封面设计：智点创意　　　责任校对：张　凡

客户信息与企业债务融资研究
KEHU XINXI YU QIYE ZHAIWU RONGZI YANJIU

中国财政经济出版社 出版

URL：http：//www. cfeph. cn
E-mail：cfeph@ cfeph. cn

社址：北京市海淀区阜成路甲 28 号　邮政编码：100142
营销中心电话：010-88191522
天猫网店：中国财政经济出版社旗舰店
网址：https：//zgczjjcbs. tmall. com
中煤（北京）印务有限公司印刷　各地新华书店经销
成品尺寸：147mm×210mm　32 开　6.125 印张　160 000 字
2024 年 2 月第 1 版　2024 年 2 月北京第 1 次印刷
定价：28.00 元
ISBN 978-7-5223-2676-4
（图书出现印装问题，本社负责调换，电话：010-88190548）
本社质量投诉电话：010-88190744
打击盗版举报热线：010-88191661　QQ：2242791300

策划人语

题记：一个人的精神成长史，取决于他的阅读史。只有阅读能最有效地培养精神生活习惯，而好的习惯又培养性格，性格决定人生。

——我们自豪，因为我们就是创造这精神产品的人。

选择了飞翔，总能看到蓝天；选择了远航，总能感受大海。人生不仅要作出选择，也要坚持住自己的选择。学会计、当编辑是我的意外选择。人说编辑是为人作嫁，可是这一选择我坚持了30年，苦在其中，乐在其中，也算是有声有色。每当我把一本本好书呈献给人们的时候，我觉得我是“富贵”的人：富，不是你身上的钱财，而是你心里的满足；贵，不是你地位的显赫，而是你被人需要的程度。

书海探寻，情怀永恒

我要说，做编辑我幸运，因为我不仅是第一个读者，可以对作品“品头论足”，也可以对作品“生杀予夺”；更重要的是，这是一个有很高层次的平台，在多年与名家的交往和名著的“对话”中，深深地为他们的人格和才学所感动，被作品的精彩所吸引，这不仅使我“下笔如有神”，更使我的思想和灵魂也受到一次次洗礼和震撼，得到一次次升华。对于我的作者我的书，如数家珍，作者中不乏才学和为人同样过人的多位泰斗和“颜值高责任大”的众多才子佳人；策划的作品不仅立足专业还兼顾人文，也是情怀所在，专业加人文路才会更宽更远。

多年的体会是，作为一名编辑，起码要“三心二意”，即“责任心、细心、耐心”和“服务意识、创新意识”。要多策划一些拳头产品，用一个选题推动一个系统工程，用一个系统工程培养一个出版社品牌。给新入职编辑讲座时我做过一个比喻：编辑两项基本功，审稿——甚至要比博导审批学生论文还要全面、细致；选题策划——要像电影导演一样做“星探”，善于发现优秀作者和挖掘好的原创作品。记不清30年来我策划和编辑了多少书，组织和策划了大批教材、业务培训用书、通俗读物、理论专著等，有的获得过国家、省部级各类奖项，有的以其填补空白、社会热点、风格新颖、开拓尝试等特点受到读者的欢迎。正是：

一入书门情似海，
探寻经典职责在。
苦辣酸甜何其乐，
编辑人生也精彩。

想是问题，做是答案

众所周知，目前的图书出版业在行业竞争和纸质图书受到严重冲击的情况下，出版人无不感到莫大的危机。在这种背景下，我们还要积极应对，完善纸质图书的固有特质，拓宽纸媒的功能，挖掘

前言

近年来的数据表明，我国银行业金融机构各项贷款总额相较于股票市值高出一倍多，由此可见，在我国商业银行借款是公司企业融资的一个非常重要的渠道，银行是中国上市公司的主要债权人，且其贷款利率相对比较稳定。贷款合约的签订是一个借贷双方相互博弈和协商的过程，银行通常会同借款人制定一系列复杂的契约安排，通过监督和利益连带机制，缓解因信贷市场中的信息不对称而带来的信用风险及借贷双方代理冲突。而在设计债务契约时，无论是识别代理问题，还是设计缓解代理冲突的机制都离不开良好的信息环境。由于银行作为金融中介拥有的信息处理能力要优于其他机构，同时作为资金供给方对于需求者的风险状况了解不尽完全，如果借款者未能在借款合约签订前提供真实的信用信息或者在签订后无法履行合约，即事前逆向选择和事后道德风险，都会导致银行的信贷风险增加。银行等金融机构普遍采用的防范机制就是在贷款合约中增加以抵押为主要形式的担保条款，以保障其利益。在抵押借款合同中，借款人或第三人为抵押人，银行或其他金融机构为抵押权人，用作担保的财产为抵押物。作为担保贷款债务的形式，抵押是为了保护债权人在债务人不履行债务时享有优先受偿权，因此优先权的要求是通过设定抵押品来实现的。

银行发放贷款时对借款人是要求信用方式还是非信用方式对企业而言成本也是不同的。当银行评估企业的信息质量不足以支撑信用贷款时，说明银行需要采取其他方式缓解信贷风险。同时，已有研究发现，抵押物的主要作用凸显于防范欠款签订后借款者无法按期履约的情况，即事后道德风险，该效应相较于缓解事前信息不对称而言更加显著。随着供应链金融在实务界的普遍推广以及公司战略性地提高客户集中度，国内外学者开始考察企业与客户的关系形态对企业自身经营活动及债务契约存在的可能影响，但结论并不尽相同。客户信息能够对公司的经营风险产生影响，也同时会影响财务状况，从而进一步对债务契约产生重要影响。银行为了防范信贷风险而对借款人要求抵押，因此抵押借款是研究客户信息对企业影响的更好场景。具体而言，本书拟通过企业获得抵押借款的特征研究银行如何看待企业的客户信息披露方式及披露的具体信息含量。

已有研究验证了企业债务成本会受到公司自身特征的影响，如企业运营能力、资产规模、偿债能力等，同时也有研究发现，外部环境因素，如法律制度、经济周期、行业竞争程度、分支机构地理距离等方面对企业的贷款可得性及成本的影响，但很少有从资金供给的角度分析企业披露的客户信息所具有的信息含量，进而对企业银行债务成本产生的影响。较少文献从抵押借款角度进行研究，银行要求企业以抵押方式获得借款，说明企业的信息质量不足以使银行认定其信贷违约风险处于较低水平，要求抵押正是银行为了防范事后道德风险而采取的措施。作为企业公开披露信息中的重要的利益相关者，与客户相关的信息，包括企业对其销售的产品集中度、销售收入及库存周转，也是商业银行授信工作中非财务因素分析中的重要风险因素，这引发了本书对客户的信息披露程度是否会对企业的借款条件产生影响的思考。

作为企业产品市场上重要的商业战略合作伙伴，主要供应链上下游企业与核心企业的经营活动休戚相关，影响企业的战略决策，同样也会使企业在进行投融资决策时将其纳入考虑范围。研究发现，企业与供应链下游，也就是客户企业的依赖性和相关性较上游的供应商企业更加显著。根据已有供应链关系和企业债务融资的研究，一方面，证实了企业披露的重要客户信息能够向外部市场上利益相关者传递企业具有高质量信息环境的积极信号，降低债权人的信息获取成本，有利于缓解信贷市场上借贷双方的信息不对称程度，进而降低债务融资成本。另一方面，在稳定、持续且良性关系下的客户集中能够有效增强供应链协同效应，及时根据客户需求信息升级改造产品计划，有针对性地提高产品的市场竞争力；同时从企业生产经营角度来看，稳定的客户关系在带来稳定的销售收入同时，有利于企业按需调整生产进度，有效缓解了存货囤积压力，进而使存货周转率有效提高，增强了企业资源流动性，降低了公司经营风险。随着经营活动现金流量的稳定性增强，企业的偿债能力也随之提高，银行及金融机构对企业评估的信贷风险可能下降，降低其契约条款的严格程度，如降低对抵押物的要求。于企业而言，这是重要客户的正向效应。

另一方面，当企业披露的客户信息不足时，可能是由于其信息披露质量存在缺陷，或者由于市场竞争因素披露的意愿较低，亦有可能是其客户相对分散导致没有符合条件的主要客户存在，但当债权人无法从企业公开披露的信息中获取有效的供应链信息时，必然增加了对借款企业的信息获取成本，不利于缓解信贷市场上信息不对称，可能导致债务融资成本的上升。而当客户集中但企业与客户关系为非良性时，企业的经营风险很有可能会由于强势客户的利益侵占而上升。例如，商业信用过高导致的现金流不足可能会增加公司的财务风险，进而使包括银行在内的资金提供者对其评估的风险也随之增加。由于存在信息不对称，当债权人认为企业的客户集中是风险因素时，为了防范企业债务契约签订后道德风险的发生，会制定更加严格的契约条款，如提高利率、要求提供抵押物、降低贷款额度、缩短债务期限等。而抵押借款的要求来自对企业的风险评估，不可避免地受到公司经营状况的影响，在其他条件不变的情况下，银行可能会要求企业提供更多抵押以降低信贷风险。对于企业而言，这是客户集中的负向风险效应。综上所述，本书拟研究企业的客户信息披露程度以及从已披露信息中传递出来有关企业与客户的关系形态对抵押借款的影响。

本书以我国A股上市公司2007—2017年的数据为样本，研究企业有关客户的信息披露程度以及从中反映出来的客户集中程度对企业抵押借款的可获得性及依赖程度的影响，从资金供给者角度探讨企业披露客户信息的经济后果。本书主要从以下3个方面进行验证：第一，企业披露的客户信息是否会传导给银行，进而影响其对企业的风险评估水平，影响企业获得的抵押借款金额及占银行借款总额的比例；第二，从企业已披露的客户信息中获取客户集中程度的指标，而客户集中如何影响抵押借款，可能的影响因素有哪些，其中需要探讨的重要问题就是客户集中的正向效应和负向效应哪个处于主导地位；第三，如果客户集中从银行角度看是增加企业风险的因素，也就是从债权人的角度意识到客户集中的风险效应，那么客户集中是通过何种路径影响了抵押借款。本书的实证部分拟从3个方面展开：

第一，检验客户信息披露程度对企业抵押借款的获取能力和依赖性的影响。由于银行在进行信贷评估时会将企业的主要客户作为评估因素，那么从信息供给的角度来看，企业自愿披露的客户详细信息有可能能够为银行提供更多的信息来源，以全面了解借款企业。研究客户对债务契约的影响机制表明，当企业披露客户明细信息时，银行可能由于供应链关系的外部性存在而获取供应链私有信息，以缓解信息不对称，进而降低对企业贷款的担保要求。本章以2007—2017年沪深A股上市公司为样本，将客户信息披露质量指标通过企业年度报告中是否披露前5名客户销售占比、是否披露客户详细名称及披露客户详细名称的数量衡量，并与企业抵押借款金额及占银行借款总额的比例进行回归。结果发现，客户信息披露程度越高，企业通过抵押方式获取银行借款的依赖性越低，这说明银行认为企业披露客户信息能有效缓解借贷双方信息不对称程度，有利于降低融资成本。

第二，在前文基础上检验已披露信息中反映出的客户集中度是否影响企业抵押借款的获取能力和对其的依赖性。当企业更多地依赖一部分大客户时，当企业为了维系稳定的供应关系导致客户可能更强势或对合约拥有更强话语权时，企业利益会遭受损失，一旦该供应关系中断，企业将会面临更大的现金流风险和偿债风险。因此，从银行角度来看，客户过于集中带来的“套牢”风险可能增加企业潜在的经营风险和财务风险，进而认定借款企业的债务违约风险升高，银行因此会提高对企业的抵押要求以防范自身利益的损失。本章在前文基础上以披露了客户信息的上市公司为样本，包括披露汇总和客户具体信息的上市公司，解释变量包括前5名客户销售收入总额占全年销售收入比例合计数和前5名客户销售占比的赫芬达尔指数，研究客户集中是否对企业抵押借款金额和比例存在影响。研究发现，客户集中显著增加了企业的抵押借款金额和比例，说明银行认为客户集中是一种风险因素，回归结果均支持该结论。

第三，延续前文研究结论，讨论客户集中度对企业抵押借款的影响路径。在前文基础上，银行对企业的风险评价受到企业披露信息中反映的客户集中程度的影响，因此本章研究客户集中度对抵押借款的作用机制。从银行角度来看，借款企业的客户集中风险可能会因为企业与客户的关系形态的不同而产生改变。当借款企业与客户之间的良性互动使企业增强存货周转、减少存货积压成本及可能的损失，以及较少地通过商业信用方式压榨企业利益时，企业与其主要客户能够形成供应链协同效应，提高经营效率，从而使客户集中带来的负面风险效应可能被缓解。反之，当企业的集中客户较强势时，客户更有可能通过其更高的议价能力压榨企业利润，增加企业的经营风险，导致银行认定客户集中的负面效应被进一步放大，对其发放贷款时对提供抵押物作为担保的要求可能更加严格。研究发现，经营风险在客户集中与抵押借款的相关关系中具有中介效应。本章进而以存货周转率和应收账款占销售收入的比例衡量客户与企业的战略关系，企业的存货周转率较低或应收账款比例较高都说明了客户在与企业的关系中处于强势一方。

在我国供应链金融快速发展和企业组织间关系战略发展需求的大背景下，客户信息与企业债务融资的关系研究在经济新常态下具有一定的实践意义，有利于企业对供应链结构特别是客户的管理，并使其能够有效借助重要客户的优势，同时为企业突出客户正向信号效应、缓解负向风险效应提供理论依据。本书创新性地从企业的客户信息披露以及客户集中度两个方面分析了对企业抵押借款的影响，在已有理论基础之上丰富现有文献，且为企业债务融资及供应链关系管理提供借鉴。同时对于我国完善供应链金融服务，深化银行服务改革等方面都具有重要的现实意义。

本书可能的研究贡献主要体现在以下几个方面：

第一，现有研究银行借款影响因素的文献主要考察了企业特征、信息质量、违约风险、金融发展、债权人保护机制等，对于供应链关系的研究相对不足，且我国的银行借款研究鲜有针对抵押借款。本书丰富了我国银行债务契约特别是抵押借款的影响因素研究，有助于扩大信贷投放力度，助力企业获得上市融资。

第二，本书在一定程度上克服了现有关于客户关系方面的研究可能存在的样本选择偏差问题，本书基于中国市场数据，不仅探讨了企业客户信息披露形式及其信息质量是否会影响企业的债务契约，而且还分析了其影响路径，补充了相关文献。对中国等新兴市场或发展中国家具有一定的启示意义，为关于我国企业融资行为研究提供了供应链金融的新视角，有助于推进省内市场要素资源高效配置。

第三，本书从资金供给角度剖析了企业的客户信息披露的重要性，以及客户关系形态对债务契约的传导机制，发现集中客户增加的企业信用风险受到非合作的客户关系以及经营风险增加的影响，同时也拓展了供应链关系与信贷市场相关研究，有助于湖北省内改善市场环境和提升市场质量，推动建设高标准市场体系。

目录

第1章
导　论

1.1　研究背景

社会关系网络基于的是经济交流与社会关系的结合。当前大数据、云智能等信息技术带领经济社会步入了一个全新的阶段，这使互联市场中的企业难以仅凭借自身力量立身于信息浪潮中。企业的社会关系网络包括了与企业具有经济联系的各方，直接影响企业运营及发展的关键是企业所处的供应链关系，而有效管理供应链关系有助于企业获取竞争优势、增强诚信、促进合作与提高效率，关系战略也成为了企业做强做优做大的发展战略蓝图中的重要节点。利益相关者理论认为，企业在致力于实现和扩大自身利益的同时，还需要考虑与企业命运紧密联系的利益相关者，由于投资者、债权人、供应链上下游等都会受到企业决策与活动的影响，因此协调企业与这些关键节点的关系也是履行社会责任的方式。组织间控制理论认为，企业可以超越自身边界获取竞争优势，实现资源共享和优势互补（Coletti 等，2005）。这些理论从不同角度论述了管理关系网络对企业价值的作用。

在全球主要经济体中，企业债务融资的规模逐年扩大，年增长率在3%—10%[①]。债务融资是企业三大财务决策之一，在我国新兴资本市场中也是企业最主要的外部融资渠道，微观层面上是供给企业资金链需求及保障企业长期发展的核心力量，宏观层面上则是扩大内需、构建资本市场并保障其运行、增强市场参与者信心的重要机制。而银行贷款因优于其他融资渠道的资金获取方式而成为了大部分资金需求者的首选[②]。信息不对称是信贷资源配置效率出现偏差的主要原因（Stiglitz和Weiss，1981），也是银行在进行风险评估和制定贷款契约时不可避免的问题。企业的实际经营状况以及战略规划和发展的详细情况都掌握在企业管理者手中，而银行作为外部信息使用者对企业信息的掌握不完全，无法获得与企业完全相同的信息导致了信息不对称，因而增加了银行评估企业违约风险因素时的不确定性。银行会通过贷款契约的严苛条款来防范可能出现的贷款违约风险以及违约后的资产收回损失，例如通过缩小贷款规模、缩短债务期限、提高贷款利率或要求提供抵押物作为担保，以降低贷款违约风险。我国2004年颁布的《商业银行授信工作尽职指引》中，鼓励银行在授信过程中更加关注和识别客户企业的非财务信息，特别是对借款企业的公司治理、管理层素质、履约情况、生产设备和技术能力、产品和市场、所在行业特点和宏观经济环境等方面的风险进行识别[③]。

客户关系对企业的战略发展、经营活动、投融资活动均有着不可小觑的影响。我国产业变革中的整合扩张战略使企业关系网络日

---

① 数据来源：IBIS World Industry Report，Commercial Banking。

② 根据中国人民银行数据表明，我国银行贷款占债务融资总额的70%以上。数据来源：中国人民银行，调查统计司，2017年金融统计数据报告。

③ 详见中国银行保险监督管理委员会网站，《商业银行授信工作尽职指引》（银监发〔2004〕51号），第二十五条商业银行应对客户的非财务因素进行分析评价，对客户公司治理、管理层素质、履约记录、生产装备和技术能力、产品和市场、行业特点以及宏观经济环境等方面的风险进行识别，风险提示参见《附录》中的“非财务因素分析风险提示”。

趋复杂，但其中供应链关系价值的重要性亟待研究与实践。我国作为新兴资本市场，供应链关系的发展仅有20多年历史，历经经济体制转变，运行机制与发达市场存在差异，为了达到供应链资源整合与协同效应的最大化，客户关系管理同样亟待总结、实践与发展。

经验证据表明，企业的供应链关系会对企业生产经营、投融资等产生广泛的影响，比如企业营运活动、成本结构与盈利水平。产业组织理论的观点认为，产业盈利能力受到定价、议价能力以及契约履行的影响（Galbraith，1952）。例如，产业链上游的强势能够在短期内显著提高盈利水平，然而长期受到供需关系影响会使需求方的定价能力增强，反而会制约上游的盈利。战略管理理论认为，市场力量的博弈会影响企业利润水平，相对议价能力高的生产者拥有更高的盈利能力。如果企业在供应链上无法获取较高或是均衡的相对议价权，容易受到来自供应链上游或下游的利益侵占。供应链管理理论认为，有效的供应链资源整合可在优化资源配置、提高资源使用效率的基础上，提升供应链整体服务水平，能够提高买卖双方的营业收入并降低成本、优化预测、制定更加有效的生产计划（Kim 和 Wemmerlov，2010），进而提高供需双方的盈利能力（Flynn 等，2010）。通过对客户盈利性分析发现，供应链关系使参与者的利益联系更加紧密，例如客户的采购需求会促使供应企业变更价格策略、产品结构、销售费用等影响整体成本水平（Gosman 等，2004），为关键客户提供个性化服务并保持长期关系，可显著提高企业营运效率与利润水平（Kalwani 和 Narayandas，1995）。但关系建立需要以专有信息分享为前提（Anderson 和 Dekker，2005），而这将引发合作方的机会主义行为（Baiman 和 Rajan，2002），并产生关系风险和业绩风险（Das 和 Teng，2001）。控制这些风险需要耗费大量资源，因而管理供应链关系必须权衡利弊。

企业的存续得益于一系列的社会关系及合约计划，因此这些关系网络节点及合约对方作为利益相关者都会对企业的经营活动及实现组织目标产生潜在影响。Freeman（1984）就提出投资者、债权人、客户、供应商及社区等利益相关者的决策行为都能影响企业的经营目标。

作为企业产品市场上重要的商业战略合作伙伴，主要供应链上下游企业与核心企业的经营活动休戚相关，影响企业的战略决策，同样也会使企业在进行投融资决策时将其纳入考虑。研究发现，企业对供应链下游，即客户企业，的依赖性和相关性较上游的供应商企业更加显著。证监会从2001年开始要求上市公司披露供应链信息[①]，涉及前5名客户企业的销售占比合计数，从监管层面揭示了信息使用者对上市公司的供应链信息存在需求。2009年证监会在年度报告披露要求中开始鼓励上市公司披露更多有关客户企业的细节信息，比如具体名称、销售金额等，这一举措表明证监会越来越重视企业的客户信息披露。但证监会有关信息披露要求持续修订，从2012年开始强制要求上市公司在“重大风险提示”中披露客户依赖对企业经营目标和未来发展战略可能产生的风险因素[②]。这反映出来，一方面利益相关者确实对供应链上下游企业的信息有需求，另一方面如果企业的客户过于集中或过于依赖单一客户对企业而言是风险项目。客户信息对于判断企业未来经营风险具有增量价值，同时企业披露的公开信息具有外部性，可使企业资本市场参与者诸如投资者、债权人以及分析师等根据客户披露的信息判断企业未来运营状况，进一步作出相关决策（Pandit等，2011）；同时，

① 《公开发行证券的公司信息披露内容与格式准则》第1号招股说明书、第2号年度报告的内容与格式等准则要求上市公司披露前5名客户合计的销售额占年度销售总额的百分比。

② 证监会在《公开发行证券的公司信息披露内容与格式准则——第2号年度报告的内容与格式》要求上市公司在年度报告“可能面对的风险”或“重大风险提示”项目中遵循相关性原则和重要性原则披露“单一客户依赖风险”。

债权人也可以通过获取供应链私有信息判断企业未来风险（Guan等，2015）。因此企业披露的客户相关信息对资金供给方而言是具有信息含量的，但在债权人看来从披露的信息中表现出来的客户关系对企业的信用违约风险造成的影响又表现出以下两种不同的效应。

一方面，已有供应链关系和企业债务融资的研究证实了企业披露的重要客户信息能够向外部市场上利益相关者传递企业具有高质量信息环境的积极信号，降低债权人的信息获取成本，有利于缓解信贷市场上借贷双方的信息不对称程度，进而降低债务融资成本。而在稳定、持续且良性关系下的客户集中能够有效增强供应链协同效应，及时根据客户需求信息升级、改进产品计划，有针对性地提高产品的市场竞争力；同时，从企业生产经营角度来看稳定的客户关系可带来稳定的销售收入，更有效预计应收账款，加速现金回流，提升财务业绩（Patatoukas，2012）；有利于企业按需调整生产进度，有效缓解了存货囤积压力，提高存货管理和资产利用，并促进与客户联合投资（Kalwani 和 Narayandas，1995），进而使存货周转率有效提高，降低公司经营风险的同时提高盈利能力。随着经营活动现金流量的稳定性增强，也有助于缓解企业的财务压力（Kale和 Shahrur，2007），企业的偿债能力也能随之提高，银行及金融机构对企业评估的信贷风险可能下降，降低其契约条款的严格程度，比如降低对抵押物的要求。于企业而言，这是重要客户的正向效应。

另一方面，当企业披露的客户信息不足时，可能是由于其信息披露质量存在缺陷，或者由于市场竞争因素披露的意愿较低，亦有可能是其客户相对分散导致没有符合条件的主要客户存在，但当债权人无法从企业公开披露的信息中获取有效的供应链信息时，必然增加了对借款企业的信息获取成本，不利于缓解信贷市场上信息不对称，可能导致债务融资成本的上升。而当客户集中但企业与客户关系为非良性，企业的经营风险很有可能会由于强势客户的利益侵占而上升，例如，议价能力强的客户会要求企业降低产品价格（Willianson，1985）；货款支付周期延长使商业信用过高导致的利润流失（Gosman 等，2004）及现金流不足可能增加公司的财务风险，损害公司业绩（唐跃军，2009），进而使资金提供者对其评估的风险也随之增加，提高融资成本（Dhaliwal 等，2016；王雄元和高开娟，2017）。由于存在信息不对称，当债权人认为企业的客户集中是风险因素时，为了防范企业债务契约签订后道德风险的发生，会制定更加严格的契约条款，比如提高利率、要求提供抵押物、降低贷款额度、缩短债务期限等。而抵押借款的要求来自对企业的风险评估，不可避免地受到公司经营状况的影响，在其他条件不变的情况下，银行可能会要求企业提供更多抵押以降低信贷风险。于企业而言，这是客户集中的负向风险效应。

相对于信用借款，抵押贷款是研究客户价值的更好场景，更能体现客户信息的信号作用。银行在作出信贷决策时要求企业提供抵押，说明借款人综合评估的信用质量不足以支撑银行为其发放信用借款的信心。银行发放信用借款的授信决策更多取决于借款企业自身的基本面信息，比如偿债能力、盈利能力、信用情况及经营风险等，其供应链信息在银行授信决策中发挥的作用并不大。而银行在进行抵押借款授信决策时，借款企业的信用风险可以通过多种方式影响抵押借款条款，进而影响借款成本。在与银行协商借款条款时，借款企业会通过一系列方式降低与银行的信息不对称以获得更优惠的条款，客户信息此时为银行提供了有关借款企业供应链关系、收入来源及稳定性等方面的信息，因此，银行对借款企业的深入了解有助于更好地评估供应商信贷风险。抵押借款是否要求抵押品取决于借款人特征，例如贷款期限长、成本高、偿债能力弱、有逾期未付的费用、处在犯罪率高的地区的企业，被要求提供抵押的可能性就越大（Haneda 等，2014）。而已有研究表明，信息不对称程度的降低会降低担保抵押的要求（Berger等，2011）。

鉴于以上分析，本书以中国A股上市公司2007—2017年的数据为样本，探讨企业的客户信息这一“软信息”的披露情况，并根据披露的对客户销售金额占销售收入比例刻画客户集中度，研究客户信息披露方式及内容是否对企业银行借款契约特别是抵押借款存在显著影响，并探究其影响机制。

1.2 研究意义

本书从企业的信息披露角度展开，首先分析客户信息披露的详细程度。其次从披露的客户信息中提取衡量客户集中的指标，研究其对我国上市公司抵押借款契约的影响，并在此基础之上深入讨论影响机制，为企业债务融资与客户关系管理提出建议。最后，从理论意义和实践意义两个方面阐述本书的研究意义。

1. 理论意义

第一，丰富了抵押贷款相关文献。已有文献对抵押贷款影响因素的研究，虽有涉及企业信息质量，但对于具体类型的信息披露鲜有关注。客户作为企业的重要利益相关者，对企业各方面可能存在重大影响，但此类信息难以从根本上改变企业的债务违约风险，而在抵押贷款中对降低企业评估风险的边际效应可能更加显著。本书关于客户信息对降低企业信息不对称程度和债务融资成本的研究可以丰富抵押贷款相关文献。

第二，我国特有的市场环境，能让本书提炼更丰富的客户供应商关系特征，现有对供应商—客户关系及其溢出效应的研究发现，客户信息会影响债权人对其风险评估的水平，进而影响企业获取长期贷款的比例和金额，但鲜有研究涉及担保抵押借款这一特定形式，因此本书有助于丰富社会资本理论、客户关系的经济后果类文献。

第三，传统公司财务采用孤立思维模式研究公司内部因素对企业抵押借款的影响，本书采取战略管理思维研究客户供应商关系这一外部因素对企业抵押借款的影响，有利于充实利益相关者理论、战略财务理论及组织间控制理论；与现有文献采取中观与非财务研究视角不同，本书基于微观数据和财务视角研究客户关系对企业抵押贷款的影响，能为战略管理理论提供微观层面的经验证据。

2. 实践意义

第一，有助于深入理解债务对企业及其所处市场的影响，探究解决企业融资约束和降低债务融资成本的途径，企业如何在改善自身经营状况和偿债能力的基础之上，通过信息披露的方式进一步获取更加优惠的贷款条件。

第二，通过对客户这一重要的外部利益相关者的考察有助于协助债权人更好地衡量信用风险，依赖客户关系这一外部履约机制进一步提高债务契约的签订和执行效率，因此有助于提高企业的相关信息披露质量。

第三，有助于管理当局及相关法律法规引导供应链关系的整合，提高供应链整体资源配置效率，将稳定且集中的客户风险降低，同时对于我国深化金融企业改革，完善供应链金融服务等方面都具有重要的现实意义。

1.3 研究思路与方法

在中国经济步入新发展阶段，结构性改革深入的大背景下，企业如何高效、低成本地获得融资是发展中面临的关键问题。市场竞争方式也随着规模扩大和供应链管理的发展，从传统的公司间竞争转向了供应链之间的竞争，供应链整合导致了企业的社会关系网络在其个体的生存发展中发挥着越来越重要的作用。而客户作为企业的主要收入来源是关键的社会关系节点，协同稳定的客户关系是供应链中的核心竞争力，因此客户对于企业的生产经营，融资活动等各方面产生着不可小觑的影响。同时，随着我国资本市场化进程的推进，企业的信息披露对市场的影响越来越显著。在上市公司信息披露规范中，有关主要客户的信息被明确规定需要在企业的生产经营部分披露，同时对单一客户的依赖也被明确纳入到可能面临的风险项目中。因此，本书认为客户信息的披露对于资本市场是具有信息含量的，能够为市场参与者提供决策帮助，有助于企业降低债务融资成本，但其作用并不具有与企业自身财务风险相当的决定性作用，因此本书在抵押借款场景中研究其信息效应；同时，从披露内容来看，市场关注企业对客户的依赖程度，并且将依赖少数客户认定为风险因素用以提示信息使用者。因此，本书推论企业的主要客户信息以及对客户的依赖程度会对银行的风险评估产生影响，进而影响抵押借款的特征。此外，还将不同客户关系性质引入研究，以期验证客户集中的风险能够被良性的合作关系所缓解。

为了研究以上主要问题，本书首先关注客户信息的披露程度，包括企业是否披露前5名客户销售占比，以及是否披露客户企业的名称或具体销售金额，利用2007—2017年我国A股上市公司为研究样本，在经过数据筛选与处理后，研究客户信息披露程度对企业抵押借款的影响。其次，以抵押借款总额占银行借款的比例，以及抵押借款的金额作为抵押借款的代理变量，对客户集中度与企业抵押借款之间的关系进行研究。再次，为了研究企业对客户的依赖程度对抵押借款的影响，采用客户集中度指标，即企业向前5名客户的销售收入占当年销售收入总额的比例及前5名客户销售占比的赫芬达尔指数。在此基础之上，本书拟研究客户集中度影响抵押借款金额和比例的传导机制，并讨论在良性和非良性的客户关系形态下，客户集中度对贷款银行的信号作用出现何种变化。根据实证研究的结果得出结论，并对企业的客户关系管理和银行的授信风险认定提出参考建议。

本书研究思路和基本方法如图 1－1 所示，在已有理论基础之上，结合制度背景提出研究问题，并逐渐深入分析影响机制。本书认为客户关系在资本市场上具有信号传递效应是客户信息披露对公司的抵押借款产生影响的根本原因。而在不同的债务契约形式中，抵押借款本身说明了借款企业的信用资质不足以使其获得信用借款，而客户关系在企业信用评价中发挥的作用也并非决定性的，在抵押借款中观测客户关系的辅助作用才更具有可靠性。

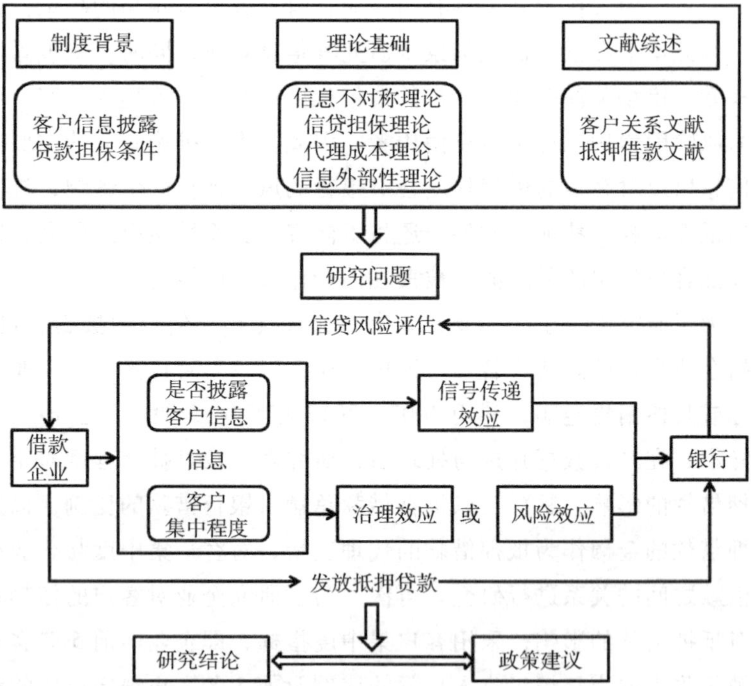

图 1－1　本书研究思路

从客户信息披露的角度分析，如果企业积极披露客户信息，会向市场上利益相关者传递信息透明的积极信号，降低债权人的信息获取成本，有利于缓解信贷市场上借贷双方的信息不对称程度，进而降低债务融资成本。而当企业的客户信息披露不足时，可能是由于其信息披露质量存在缺陷，亦有可能是其客户相对分散导致没有符合条件的主要客户存在，但当债权人无法从企业公开披露的信息中获取有效的供应链信息时，必然将增加对借款企业的信息获取成本，不利于缓解信贷市场上信息不对称，可能导致债务融资成本的上升。

而依赖少数客户对企业的影响可以分为两个方面：一方面，供应链整合效应明显形成的良性客户关系。此时，客户集中能够有效增强供应链协同效应，及时根据客户需求信息升级改进产品计划，有针对性地提高产品的市场竞争力，同时从企业生产经营角度来看能按需调整生产计划，有效缓解存货积压的压力，能在一定程度上减少存货的减值损失，进而使存货周转率有效提高，在降低公司经营风险的同时加速现金回流。随着经营活动现金流量的稳定性增强，企业的偿债能力也能随之提高，银行及金融机构对企业评估的信贷风险可能下降，并降低其抵押要求，于企业而言，这是客户的收益效应。

另一方面，当客户集中时，由于客户议价能力更强，会通过压低产品价格、延长货款支付周期，或增加商业信用等方式压缩企业利润，此时非良性的客户关系会增加企业的经营风险。例如，商业信用过高导致的现金流不足可能增加公司的财务风险，进而使包括银行在内的资金提供者对其评估的风险增加。由于存在信息不对称，当债权人认为企业的客户集中是风险因素时，为了防范企业债务契约签订后道德风险的发生，会制定更加严格的契约条款，比如提高利率、要求提供抵押物、降低贷款额度、缩短债务期限等。而抵押借款的要求来自对企业的风险评估，不可避免地受到公司经营状况的影响，在其他条件不变的情况下，银行可能会更多地采用抵押贷款方式以降低信贷风险。

如果债权人也识别并认定客户集中具有风险效应，出于对贷款契约签订后道德风险的防范，会提高对借款企业的抵押要求。如果客户与企业在供应链上维系着良性关系，通过战略协同提高供应链各方的利益互惠水平，银行会认为集中客户的存在降低了企业收入不确定性，从而以更宽松的契约条款与企业签订贷款合同。所以本书推断在客户集中被债权人认定为风险因素时，如果企业财务业绩显示出较快的存货周转或对客户较少的商业信用展现良性的客户关系时，可以在一定程度上缓解客户集中的风险，使银行更有可能放宽担保条件；反之，如果企业的存货周转较慢或者被更多商业信用牵制时，会导致银行认为企业在与客户关系中处于被压榨的一方，不利于资源整合惠及整个供应链，进一步强化风险使银行进一步以更严苛的抵押担保要求发放贷款。

本书运用的研究方法包括以下几个：

第一，运用理论分析法找到研究的理论基础。在梳理信息不对称理论、利益相关者理论、信息外部性理论以及交易成本理论，结合债务契约理论为本书的研究开展提供理论支撑。

第二，运用文献研究法了解国内外研究现状。认真分析中国客户关系管理的相关制度及其对企业经营行为及筹资活动影响的相关文献，梳理我国制度现状与文献发展脉络，了解研究现状并结合定性与定量分析的方法归纳实践数据特征，以明确本书的研究意义。

第三，运用实证研究法进行大样本分析。根据构建好的逻辑框架，利用上市公司大样本数据检验客户信息披露程度及客户关系是否会对企业抵押贷款产生影响以及会产生何种影响。在实证分析中，主要采用单变量回归、多元回归分析和差异性检验的方法。在后续的稳健性检验中，拟通过改变变量衡量方式、分组检验、2SLS 等方法控制内生性问题。

第四，运用规范研究法进行理论归纳。根据实证结果提出，加强信息披露规范和加强企业客户关系管理的政策建议，引导更具有含量的信息披露以及提示企业重视与客户建立良性关系，规避风险，从而充实和拓展战略财务理论。

1.4 研究内容和贡献

本书主要研究客户信息对抵押借款的影响，主要分为两个层次讨论：首先是检验企业在年度报告中的客户信息披露行为本身的信号传递效应；其次是从披露的向前5名客户销售占比获取客户集中度指标，从而探讨客户信息是否影响抵押借款以及影响机制。本书首先奠定了背景理论，包括利益相关者理论、供应链管理理论以及债务契约理论；其次对有关客户关系和债务契约特别是抵押担保相关的文献进行整理和评述，总结客户信息披露对缓解信息不对称的作用，并进一步在已披露的信息中总结其信息含量，从信息使用者角度分析对客户集中的不同解读；最后在此基础上，探讨客户信息是否以及如何影响企业的抵押借款。因此本书主要解决的问题有：(1) 企业的客户信息披露对企业抵押借款规模和比例存在的影响，验证客户信息披露是否能在一定程度上缓解借贷双方的信息不对称；(2) 在已披露客户信息的企业中，客户关系是否会影响抵押借款的金额和比例，以及单笔抵押借款的金额和期限，验证从银行角度解读客户集中对企业未来经营目标的影响；(3) 进一步完善 (2) 中的逻辑，研究客户集中与抵押借款关系的传导机制，主要验证经营风险在两者关系中的中介作用，以及商业信用和存货周转的表现出来的客户关系质量的调节作用。主要内容如下：

第2章：文献综述与理论基础。对银行抵押贷款和客户信息披露相关文献作出评述，总结客户对企业融资、经营等方面的影响；整理信息不对称理论、代理成本理论、信贷担保理论和信息外部性理论，为本书打下坚实的理论基础并构建逻辑框架。

第 3 章：制度背景与数据特征。根据我国有关抵押借款的法律概述和企业客户信息披露的制度背景，概括目前我国的实践现状；从贷款方——银行角度统计了抵押贷款在全部贷款方式中的占比，以及借款企业的行业分布，以对抵押贷款的覆盖面及重要性有一个概括性的认识；同时为了解企业的客户特征，统计了企业披露的客户涉及行业及销售占比。

第 4 章：检验客户信息披露程度对企业抵押借款的依赖性的影响。企业披露客户信息后，能降低资本市场信息不对称程度，因为如果披露了客户的具体名称或销售金额，银行可能由于供应链溢出效应获取私有信息，缓解信息不对称，进而降低对企业贷款的担保条件。本章样本来自 2007—2017 年我国 A 股上市公司，将客户信息披露质量指标通过企业年度报告中是否披露前 5 名客户销售占比、是否披露客户详细名称以及披露客户详细名称的数量衡量，并将其与企业抵押借款金额及比例进行回归。

第 5 章：检验客户集中度是否影响企业抵押借款金额和比例。本章在前文基础上以披露了客户信息的上市公司为样本、以前 5 名客户销售占比合计和前 5 名客户销售占比的赫芬达尔指数为解释变量，检验客户集中是否对企业具有风险效应，从而验证对抵押借款金额和比例存在的影响。研究发现，客户集中度高的企业抵押借款金额较高，抵押借款占银行借款总额的比例也更高，表明企业更依赖抵押方式获得借款。其中，客户集中度的两个衡量指标回归结果一致，说明企业的高客户集中度在银行角度看来是风险因素，银行为防范自身利益的损失，会提高对企业的抵押要求。

第 6 章：讨论客户集中度对企业抵押借款的影响机制。基于前文研究，本书认为客户集中的风险效应可能来自因客户较强的议价权而导致的对企业的利益侵占，而客户关系形态的好坏能够对这种风险产生截然不同的影响。研究发现，当企业与客户为良性互动关系时，协同合作的关系可以缓解客户集中带来的风险效应；而当与客户关系较紧张时，风险效应被强化。高客户集中度使企业经营风险增加，进而导致银行对其发放贷款时更可能要求提供抵押，经营风险在客户集中与抵押借款的正相关关系中具有中介效应。第 3 章至第 6 章为实证章节，主要研究内容与关联关系如图 1－2 所示。

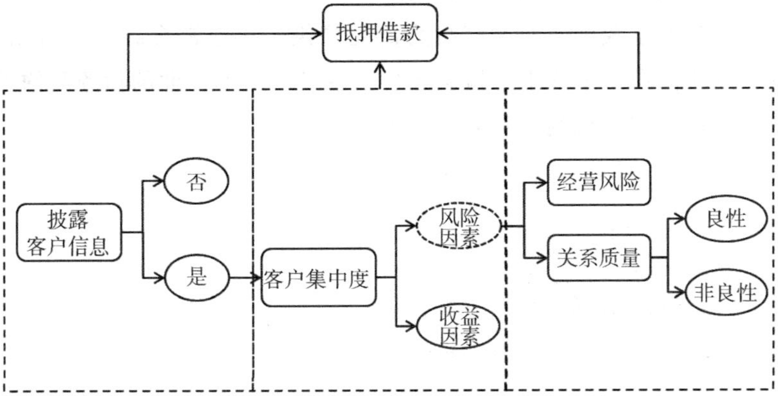

图 1－2 实证章节主要内容

第 7 章：总结本书的研究结论、局限性并对研究进行了展望。对全文主要研究结论进行归纳和梳理，分别从微观和宏观角度对企业的客户关系管理、信息披露制度、银行的信贷决策提出建议，在阐述本书研究局限性的基础上对后续研究方向提出可能性，以便继续完善研究结论并拓展研究内容。

本书的研究贡献可能包括以下几个方面：

第一，现有研究银行借款影响因素的文献主要考察了企业特征、信息质量、违约风险、金融发展、债权人保护机制等，但对于供应链关系的研究相对不足，且我国的银行借款研究鲜有针对抵押借款。本书横向拓展了我国银行债务契约，特别是抵押借款的影响因素的研究，丰富了相关文献。

第二，为自愿信息披露的积极经济后果增添新的证据，由于主要客户的具体信息披露并非应规披露，本研究有助于鼓励企业自主披露更多具有信息含量的供应链信息。如果真实准确地对外披露供应链信息有助于降低融资成本、缓解融资约束，企业的披露动机将会更加充分，这也有助于提高整体信息披露环境和披露质量。

第三，我国供应链正在加速发展延伸，研究供应链关系的经济后果对中国这样的新兴市场或发展中国家而言，具有一定的启示意义，并为考察我国企业融资行为研究提供了供应链金融这一视角。本书以我国数据为样本，检验客户信息是否影响企业的债务契约条款，分析了传导机制，补充了相关文献。

第 2 章

文献综述与理论基础

2.1　企业债务融资文献综述

在银行制定信贷决策时，企业披露的非财务信息发挥了越来越重要的作用。近年来，部分文献越来越关注这类信息，并致力于解读其传递出来的信号，包括董事会特征、管理者行为，经营策略等（Francis 等，2009；Roberts 和 Yuan，2010；Grunert 等，2005）。银行在审批贷款申请时，会根据借款企业所面临的风险对其作出信用评级，进而决定贷款契约条件，包括贷款金额、贷款利率、担保条件、其他限定性条款等。而由借款企业信息不对称所带来的道德风险及其所引发的逆向选择问题是影响银行贷款风险的主要因素。因此，借款企业与银行之间的信息不对称对银行贷款契约产生重要影响。

抵押作为缓解债务契约代理问题的有效工具（Barro，1976；Stiglitz 和 Weiss，1981），银行在贷款合约中进行抵押担保要求目的在于减少逆向选择、无效信用配给以及其他由于借款人事前私有信息导致的不经济行为（Berger 等，2011）。在贷款契约签订之前，银行需要使用抵押对借款人进行筛选，以减少逆向选择风险（Bester，1985）；在贷款契约签订之后，银行可以依靠抵押加强对借款人的监督（Rajan 和 Winton，1995）。因为如果违约，抵押资产被回收的可能性将促使借款人避免进行侵占债权人利益的经济活动（Berger 等，2011）。

已有研究发现，影响银行抵押借款的因素除了公司自身特征外，外部宏观环境因素也会发挥作用。研究抵押借款影响因素的文献主要关注了企业的会计信息质量、资产结构、审计意见等。其中，政治、经济和法律制度作为正式制度，尤其是产权和法律保护机制对金融的促进作用，已经得到了广泛的认可（LaPorta 等，1997、1998；Beck 等，2005）。不少学者发现，法制结构会显著影响银行的贷款契约（Qian 和 Strahan，2007；Haas 等，2010）。LaPorta 等（1998）发现，无论在发达国家还是在发展中国家，对外部投资者的法律保护越好，企业获得的股权和债务融资就越多，他们认为英美法系国家对投资者的保护要强于大陆法系；Demirguc 和 Maksimovic（1998）发现，法律制度更加完善的国家，企业的长期贷款比率更高、银行利差更低；Fan 等（2003）研究了 39 个国家的制度环境与资本结构的关系发现，法律、税收、腐败和资本提供者的偏好对杠杆和债务期限有显著影响，即在法律保护越弱、公共治理环境越差的国家和地区，企业的外部融资越少、债务期限越短；Qian 和 Strahan（2007）发现，在法律保护更好的国家，银行贷款的期限更长、利率更低；Djankov 等（2008）认为，不同的外部法制结构导致不同国家和地区对履约失败的解决机制存在广泛的不同；Haas 等（2010）发现，对债权人保护更好的国家，银行更愿意发放贷款；孙铮等（2005）发现，地区的市场化程度与该地区企业长期债务占债务总额的比例呈现负相关关系，主要原因是政府对企业的影响出现差异化；张健华和王鹏（2012）发现，对知识产权的保护越好，银行信贷的规模就越大，银行的经营业绩也越高，这表明法律制度建设对银行资本的监管具有重要意义。

2.1.1　企业财务状况与抵押借款

Stiglitz 和 Weiss（1981）建立了信贷配给模型，从道德风险和逆向选择两个角度分析了信息不对称情况下银行和借款人的行为，发现银行愿意以较低的利率将贷款发放给那些风险较小的借款人。为了规避风险，银行在进行信贷决策时重点考察借款人的信用等级和偿债能力，因此借款者自身的财务状况特征成为银行识别和度量信贷风险的重要依据。当财务状况较差时，银行认定其资产周转能力和变现能力较弱，出现债务违约的风险较高，因此会要求更高的契约条件，企业获得贷款的成本随之增加。

银行在授信过程中，需要考察的因素很多，但其中与授信额度和契约成本最相关的是企业当前的财务状况和经营情况，包括财务杠杆、流动资产比例、应收账款周转率、销售收入的波动等。除此之外，银行还需对企业未来现金流及发展状况进行预测和风险因素的推断。根据契约不完备理论，由于信息不对称的存在，签订契约时无法预测所有可能发生的状况，因此银行在对借款企业进行风险评估时，会对无法预测的风险项目配置更高的风险溢价，其表现为更高的借款成本，如更高的利率、更高的担保要求，或更严格的限定性条款。肖作平和廖理（2008）认为，公司治理水平会对债务期限产生影响，治理水平更高的公司长期负债的比例更高。胡奕明和谢诗蕾（2005）发现，银行贷款利率与企业的资产规模、资产负债率、资产周转率等财务状况以及公司治理水平特别是大股东掏空效应显著相关，该效应在长期和短期借款中都存在。企业的盈利能力和偿债能力是银行在进行授信决策时主要考虑的企业财务层面的因素，根据对不同期限的贷款进行分析发现，盈利能力在长期贷款契约制定中的评估作用更显著（孙铮等，2006）。已有关于贷款担保物的研究发现，当企业出现利润攫取情况时银行会在其贷款契约中设置更高的抵押物要求（万良勇，2010），其主要原因是这种情况下企业的可抵押资产价值很有可能因利润攫取而减少，陷入财务危机的可能性将增加，银行认为抵押物的担保作用被削弱，进而设置更低的抵押率，即银行以更高价值的担保物获取贷款以保障企业出现债务违约时的自身利益。

2.1.2 借款人风险与抵押借款

Liverti 和 Mian（2010）研究发现，促进金融发展的制度通过降低抵押价差以及促使银行接受更多公司特有资产作为抵押来缓解融资约束，借款者风险越大，银行越倾向于接受非公司特有资产（比如土地）作为抵押。Barro（1976）以及 Stiglitz 和 Weiss（1981）均认为，抵押之所以能降低贷款的风险，是因为抵押品在不损害债权人对借款人的一般诉求的情况下还赋予了债权人对一项资产明确的追索权。大部分文献证实有较高代理问题的公司更可能使用限制性条款[①]（Jensen 和 Meckling，1976）；抵押通常与较高贷款风险相关（Berger 和 Udell，1990；Rahman 等，2018）；相对于无抵押借款，抵押借款具有更高利率（Harjoto 等，2006）。对于抵押与高风险的相关关系可以从两个方面进行解释：一是被动要求，高风险借款人被银行要求提供抵押物，通过抵押物的激励和监督，降低借款人违约动机；二是主动提供，根据 Niinimäki（2011）研究，高风险借款人提供抵押的意愿更强，这是高风险借款人的融资约束使其只能通过提供抵押物增强其借款的可获得性。同时，该机制也使高风险借款人因抵押物的监督效应而致力于积极地提升业绩以获得更高的资产收益。在中国信贷市场中，利率浮动和债务契约

① 限制性条款是在信息不对称时保护债权人的事前机制，代表了一种对重新协商贷款条款的事前承诺，根据 Christensen 和 Nikolaev（2012）的研究，限制性条款一般可分为资本性条款和业绩性条款。限制性条款的作用包括：（1）可以降低银行借款的代理成本，促使股东监督管理层；（2）赋予债权人在面对不利情况下可重新协商贷款合约的选择权；（3）允许债权人在借款人违反契约条款时介入企业并影响其决策。

条款执行有效性不足，信贷风险无法通过以上制度得到很好的控制，因此债权人的权益更多依赖会计信息与抵押品实现保障（于李胜和王艳艳，2013；陆正飞等，2008）。

但也有研究验证了借款人的低风险与抵押条款的相关关系，主要原因在于当借款人违约风险较低时可以借助抵押物的信号作用获取低成本的借款契约，同时银行接受低风险借款人的抵押可以有效降低市场中的逆向选择风险。Jimenez 等（2006）对西班牙银行 1984—2002 年企业贷款的面板数据研究发现，抵押品与借款人风险存在负相关关系，同时信贷市场竞争程度和商业周期都是银行是否要求借款人提供抵押的影响因素。Chen 等（2013）研究发现，如果银行降低了对相对稳健借款人的抵押条件，但借款人信用质量和有形资产比例较低时会削弱两者的负向关系。Hanedar 等（2014）研究发现，是否要求抵押取决于借款人特征，贷款期限长、偿债能力弱、有预期未付费用、处在高犯罪率地区的企业更可能被要求提供抵押，而位于大城市或私有企业被要求提供抵押的可能性较小。

2.1.3　企业信息披露与抵押借款

由于契约代理问题的存在，委托人与代理人的信息不对称导致了契约的各种限制条款的产生以保障契约方的利益。在信贷市场上，当借款企业与银行之间信息不对称程度较高时，银行对企业进行信贷风险评估时的不确定因素会增加。银行通常会同借款人制定一系列复杂的契约安排，通过监督和绑定机制，缓解双方代理冲突。而在设计债务契约时，无论是识别代理问题，还是设计缓解代理冲突的机制都离不开良好的信息环境。在企业获取银行借款的融资方式中，借款企业的会计信息质量就是评价其信息环境的主要内容，信息质量决定了银行对其进行事前风险评估的成本以及事后对其进行监督和贷款收回的难度。例如，根据会计信息可以预测借款企业未来现金流状况，如果会计信息质量不高会导致未来现金流预测出现偏差的风险较高，银行为了保障自身利益会要求借款企业提供更多抵押（Bharath 等，2008；Donelson 等，2017）。因此，根据风险收益原则，银行为了保障贷款契约签订后的自身利益，在签订贷款契约时会上浮利率或提出增加抵押物要求。信息披露是缓解企业与其外部利益相关者之间代理问题的有效机制，因此为了与银行进行贷款契约的协商，借款企业在已有的应规信息披露基础上有动机主动披露更多非财务信息以避免过高的信贷成本，银行也可以据此更有效地对借款企业进行背景调查。例如，Botoson（1997）以制造业企业为研究样本，实证结果表明，会计信息质量越高的企业能够以更低的成本获得银行借款，且该效应在不同期限的银行借款中存在差异，高质量会计信息能更加显著地降低长期借款成本（Yu，2005）。除了借款利率，抵押担保要求同样导致了贷款成本的增加。Berger 等（2011）研究发现，小型企业信用评分作为外部机制可以通过降低信息不对称以及相关信息成本，使银行降低对大部分小型企业贷款的抵押要求，提高小企业信贷市场的有效性。

信息披露质量决定了企业向外部利益相关者提供决策相关信息的可靠程度，也决定了利益相关者根据这些信息作出经济决策的有效程度。当企业信息披露程度不足或透明度不高时，信息使用者对其披露的信息无法直接评估或评估出现偏差，都会导致信息使用者花费更多的成本，以缓解信息风险给自身带来的负面经济影响。投资者会对信息质量差的企业提供更少的资金或要求更高的投资报酬率，同理银行作为资金的供给方，也会对信息质量差的企业提供小规模、短期限或高利率的贷款，以防范由于信息不足导致的不可预见的违约风险。有关信息质量的文献以财务报告的错报或重述作为衡量财务会计信息质量的替代变量，分析了会计信息质量对投资者及银行等外部利益相关者的影响，发现信息质量不足增加了信息不对称程度，导致了权益资本成本的上升（Chen，2016）和银行加强监管及增加抵押担保要求（Graham 等，2008）。而由于财务报告准则的运用及其他因素导致财务报告信息披露方式更加复杂、可理解性程度下降，也会造成信息不对称程度的增加，银行由于事前信息处理成本和事后监督成本的增加，会策略性地增加借款企业的抵押担保要求（Chen 等，2015；Ertugrul 等，2017）。类似地，Chen 等（2016）研究发现，非标审计意见会使企业随后签订的贷款合约成本更高、条件更苛刻，如贷款规模缩小、利率上升，或增加更多担保要求和限制性条款。更有研究拓展到了外部机制影响企业信息质量进而影响债务契约方面，其发现当企业的审计师法律责任越高时，企业的会计信息质量越高、代理问题越低，因此债权人会以更低的利率提供给企业更高的信贷额度，同时也会在债务契约中更多地运用企业的会计信息（Mahfuz 等，2020）。

国内学者针对会计信息质量与银行贷款成本的研究也发现，会计信息质量降低了公司的股权和债务融资成本（邱旭荣，2011），其在考虑了宏观经济政策对企业融资成本的影响后，发现会计信息质量对银行借款的获取依然存在影响。在紧缩的货币政策环境下，银行对外放贷量下降，因而在遴选借款人时会更加严格，而高质量会计信息可传递出不确定性更低的信号，可控的信贷风险使银行愿意为其提供更多金额的贷款，而且贷款条件相对优惠（李志军等，2011）。

由此可见，良好的会计信息质量是银行信贷决策中需要考虑的重要因素之一，改善信息披露质量也是企业提高贷款可得性的重要方式。信息披露程度越高、信息质量越高，越有助于企业以更优惠的契约条款获取更多的贷款。这主要是因为信息披露作为企业与信息使用者之间的桥梁，能够帮助信息使用者对企业现状和未来发展趋势作出更加有效的判断，降低不确定风险，因此会要求更少的风险溢价。对于借贷双方而言，借款人披露信息程度越高，银行对其信任程度就越高，更可能提供低成本的贷款。

2.1.4 抵押物与银行借款

抵押物是信贷契约的附属产物，其产生是为了保障信贷合约的有效履行，降低信贷供给方的风险，但借款人不同的风险水平会导致银行对抵押物的要求产生差异。已有文献对抵押担保条件的影响因素研究发现，银行对借款企业的事前信息处理成本和事后监督成本会对抵押担保要求产生直接影响（Manove 和 Padilla，2001）；同时，借贷双方的关系性质也是影响担保抵押条件的因素之一，也就是说，债权人和债务人之间的贷款类型（交易型贷款或关系型贷款）会显著影响抵押要求的高低（Rajan，1992）。

有关抵押物特征对抵押借款影响的文献主要关注了抵押资产的可配置性。Benmelech 和 Bergman（2009）研究发现，抵押物可重新配置性越好、债务信用利差越小，信用评级与贷款价值比率越高。Hall（2012）研究发现，抵押物法律限制越少、企业资产有形率越高，企业长期负债占总负债的比例也会更高。但 Gan（2007）研究发现，抵押资产价值下降会降低企业投资能力，因此遭受更大抵押损失的企业难以维持银企关系从而获取的信贷额度也更少。

2.1.5 产权性质与银行借款

最终控制人性质对公司治理有着重要影响，信贷市场中资源配置也与产权性质相关。产权性质在信贷市场中发挥的作用不仅只存在于债务人中，对债权人也具有影响，这是由于产权性质在一定程度上决定了借款企业或银行的风险承担能力（Porter 等，2002）。我国不同产权性质的公司在融资渠道和能力上的差异是比较显著的，如贷款规模、贷款期限和成本的差异。国有企业可能具有的政治目标和预算软约束问题，导致政府干预贯穿在企业的各项决策和经济活动中。同时，政府也会影响银行的信贷决策：一方面是因为体量大的银行具有国有背景；另一方面是由于存在经济增长与政府财政的双重压力。因此，在过去的很长一段时间内，银行的信贷决策由于受到政府干预导致经济资源会更多地向国有企业倾斜。随着资本市场的发展，国有企业拥有更多的融资方式，使银行贷款可以更多地分配至非国有企业。但研究表明，产权性质导致的差异依然存在，例如国有企业虽能够以更低的价格获得银行贷款，但在金融发展水平较高的地区两者差异被削弱（魏志华等，2012）。当借贷双方均为国有产权性质时，银行可能会向国有企业发放更多贷款（江伟等，2006）。

综上所述，国有性质的借款企业能够从银行获取更低成本的贷款契约，这是因为国有企业拥有政府的隐性担保使得银行在进行信贷评估时对其信息质量要求不如非国有企业高，并且在贷款契约签订后银行不必耗费过多的监督成本，不会由于不确定的违约风险而设置过于严苛的契约条件。反之，非国有企业在获取贷款时，因为缺乏隐性担保，所以只能依靠自身的信息质量。但也有研究认为，在市场化程度快速发展的情况下，产权性质导致的融资能力差异的根本原因还是由企业自身的基本面信息所决定的，如企业规模、财务杠杆、现金流量、盈利能力和上市年限等（白俊等，2012）。

2.1.6　市场竞争程度与银行借款

已有研究关于市场竞争和融资能力的结论不尽相同。市场竞争带来的影响分为外部影响和内部影响两个方面：从外部影响方面来看，激烈的市场竞争必然源于存在实力相当的竞争对手，这会导致恶性的价格竞争，削弱企业在供应链上的议价能力等；从内部影响方面来看，企业的定价将受到竞争对手影响，通常定价会被压低导致利润流失，进而影响现金流，使企业的违约风险增加，但同时竞争激烈却可使企业的代理问题得到缓解，公司治理水平提升使得企业的风险位次降低。

针对行业竞争程度与债务资本成本以及银行借款成本的研究发

现，竞争导致的摩擦不利于企业的债务融资：一方面，市场竞争影响企业盈利能力。市场竞争压力导致了企业的价格决定权严重受限，为了获取市场份额更可能压缩利润空间，其经营风险上升会导致银行对其评估的违约风险上升（Tirole，2010；张合金等，2014）。而当企业自身的外部融资约束较严重、与竞争者的实力悬殊较大时，其经营风险往往会由于竞争者的低价策略的打击而上升（Froot，1993）。另一方面，市场竞争会影响抵押资产价值，研究表明市场竞争加剧会使抵押资产的变现能力减弱（Pulvino，1998），抵押资产可用来担保的价值受损，可能减弱企业的债务融资能力。关于企业的市场竞争程度的研究认为，身处竞争性产品市场的企业的银行债务成本普遍比较高，特别是在融资能力弱的小公司面临融资能力强的竞争对手的行业、公司间互动频繁的行业以及非流动性行业更为明显（Valta，2012）。同时，也有学者研究认为，在行业及其产品市场竞争激烈的情况下，资产周转能力较弱的企业可能更容易出现投资不足，或无法有效利用投资的情况，其被并购的可能性更大（Haushalter 等，2007），而当这些信息传递给银行时会被认为是较大的信贷风险的信号，因此在申请银行贷款时企业更有可能被设置更严格的契约条款，导致更高的贷款成本。

但也有研究发现，产品市场的竞争程度越高，公司治理水平会越高，代理冲突可得以缓解，能够提升企业信用质量，使企业获取银行贷款的能力增强（张樱，2017）。

2.1.7 客户集中度与银行借款

已有文献对客户集中程度的经济后果研究涉及资本结构（Banerjee 等，2008；Kale 等，2007）、资本成本（Dhaliwal 等，2016）、经营业绩（唐跃军，2009）、会计稳健性（Hui 等，2012）、审计费用（王雄元等，2014）、现金持有（Jeniffer，2013）等。研究客户集中度与银行借款的文献关注了客户集中度对于贷款利差、债务期限的影响，但关于客户关系形态对企业银行借款能力及成本的研究发现，客户集中度反映了企业对客户的依赖性，其对企业的影响是多维度的。从各研究结论可以发现，目前关于客户集中度对银行借款的影响的结论并不一致。

一方面，客户集中度高说明企业与客户达成了稳定的契约关系，销售渠道较稳定，降低了销售收入的不确定性，有利于银行对其未来现金流进行较准确的估计。同时，相对稳定的交易对象有利于企业提高生产和管理效率，达成供应链协同效应，提升供求双方的资源有效配置，提升盈利能力（Patatoukas，2012）。类似地，王迪等（2016）认定，高客户集中度是稳定现金流、经营风险低、未来不确定性低的保障，可降低银行的监督成本进而降低对企业的评估风险。另一方面，也有研究表明，高客户集中度会带来更高的财务风险。客户集中确实能够提升企业经营效率，降低销售费用，但过度依赖客户会导致议价能力下降，受制于大量的专用性投资从而降低资产流动性，因此会导致财务风险的增加。例如，Hertzel 等（2008）研究发现，客户集中度高的企业为了更好地服务于客户，维持良好的客户关系会增加专有性投资[①]，但专有性投资的定制属性会因为服务于特定客户而拥有较弱的流动性，这会导致企业面临严重的“捆绑”效应，资产周转能力减弱，现金流风险较高，因此会使银行认定其拥有较高的债务违约风险。Murillo 等（2015）研究发现，银行会认定客户集中带来的高财务风险增加了企业的债务违约风险，从而会通过提高贷款利差、缩短债务期限或要求更多的限制性条款以进行风险防范。Yang（2017）研究也发现，客户集中度高的企业借款成本更高，表现为贷款利差更高、期限更短。

① 专有性投资也称为关系专用性投资，是合作双方通过固定资产或无形资产对关系进行强化所做的投入。专有性投资具有特定性较强、流动性较差的特点，导致了合作双方中专有性投资更多的一方转换成本更高，因此更容易受制于该合作关系。

江伟等（2017）从长期借款占银行借款总额的比例研究发现，客户集中对银行借款结构的影响是非线性的，表明一定的客户集中能够提高企业资产利用率和经营业绩，从而使长期借款的获得性提高，而过高的集中度则传递了企业受到强势客户压榨的可能性从而降低了长期借款的可获得性。

综上可知，有关客户集中度与银行借款的研究会出现相悖的结论，这是因为客户对企业的影响既能够通过合作提高供应链生产效率，降低成本，降低不确定性进而提高经营业绩，又会因关系的依赖性而导致企业受制于客户的强势议价权，从而削弱其盈利能力，或由于专有性投资降低流动性使企业面临更高财务风险。因此，本书在已有研究的基础之上，以我国上市公司为研究对象，同时考虑了客户集中对债务违约风险的积极和消极影响，展开了深入研究。

2.2 客户信息文献综述

近年来，会计与财务领域的学者逐渐从会计信息与财务决策视角研究发现，供应链关系对企业行为及财务表现存在显著影响。然而，在进行供应商及客户关系对企业的影响的研究过程中发现，供应链关系产生的经济后果不仅只局限于供应链上某一企业对其上游供应商或下游客户产生的影响，供应链关系信息及供应链伙伴特征还会对供应链以外的第三方产生溢出效应。这里的第三方包括资本市场中主要参与者，如投资者、债权人、分析师以及审计师等。而在供应链关系中，已有研究发现，企业对下游客户的销售占比普遍高于向上游供应商的采购占比，表明企业对于客户的依赖性大于对供应商的依赖性。因此，客户信息对于判断企业未来经营风险具有增量价值，企业披露的客户信息及客户本身披露的公开信息有助于企业资本市场参与者，诸如股东、债权人以及分析师等根据客户信息判断企业未来运营状况，进一步作出相关经济决策（Pandit 等，2011；王雄元等，2016）。

2.2.1　客户信息及关系特征对企业的影响

企业披露客户信息既有收益也存在风险：一方面可能为竞争者提供有关企业供应链关系的信息；另一方面对缓解信息不对称程度、提高投资者风险认知是有积极作用的。Patatoukas（2012）发现，客户集中能显著增强企业的盈利能力，主要是由于客户稳定集中不仅有助于减少销售费用，也有助于企业获得稳定持续的交易契约，增强资产使用效率。Kim 和 Wemmerlov（2014）研究发现，企业自身能力能够增加客户对其的依赖程度，这种能力包括更高的产品服务质量和专有性，而这种依赖关系又能反过来促进关系的稳固性与持续性，企业可以从稳定持续的合作关系中获得更强的盈利能力。Alldredge 和 Cicero（2015）研究发现，在披露大客户信息的公司中，内部人会利用关于大客户的公开信息来卖股票从而获利。王雄元和喻长秋（2014）研究发现，客户信息披露能提高公司的信息透明度，缓解与投资者之间的信息不对称程度，降低融资成本。Kulp（2002）以及 Ak 和 Patatoukas（2014）均发现，企业与其客户形成供应链战略合作关系能提高存货管理效率，例如通过合作关系及时获取客户需求，减少企业库存压力，使存货周转效率大大提升。Cohen 和 Li（2014）发现，客户特征也能作用于供应企业，他们以拥有政府背景客户的企业为研究对象，发现企业的优质客户会降低不确定性，收益波动性较低。He 等（2014）研究发现，客户集中度较高时会激励企业进行较多创新。

但客户信息也可能对外传递出风险。Hui 等（2019）反驳了 Patatoukas（2012）的研究结论，他们发现客户集中度与公司利润负相关，但却与主要客户利润正相关，验证了客户集中度的竞争假说，结果表明当客户在供应链上拥有更高议价能力时会攫取公司利益。Yu 等（2016）研究发现，高的客户集中度能激励供应商创新以维持竞争地位，但如果客户拥有较强的议价能力则不利于供应商创新。Itzkowitz（2013）研究表明，供应链上资源整合与信息效率提升都是以企业与客户持续稳定的合作关系为前提的，但转换成本的逐渐提高也会带来套牢风险，依赖大客户的企业会通过提高现金持有水平来防范可能的流动性风险。Costello（2013）研究发现，银行会对存在专有性投资的供应关系企业提高限制性契约条款的要求。类似地，Ma 等（2020）也从专有性投资的角度验证了高客户集中的风险效应与公司股价崩盘风险显著正相关。

2.2.2 客户信息对企业资本市场表现的影响

Olsen 和 Dietrich（1985）最早从客户供应商角度探究了供应商或客户的信息披露是否影响企业股票市场回报，他们指出零售商的月度销售报告与供应商未来现金流及盈余相关，供应商股东意识到这种增量信息会导致供应商股价的变动，并且零售商与供应商关系越紧密，股价变动越强烈。这说明客户与供应商之间的休戚相关的经济联系能有效反映在资本市场上。Brown 等（2009）发现，企业的客户在发布收购公告后，其谈判能力提高使得企业股价下滑，同时关系专用性投资越多的企业，受到关系成本牵制导致股价下跌的影响更加显著。Bonacchi 等（2014）发现，客户价值与公司的股价、未来盈利能力正相关。Dhaliwal 等（2016）研究发现，企业的客户集中度显著增加了权益性资本成本，并且当企业面临较高的客户流失风险或流失客户产生的负面影响较大时，会强化客户集中的风险效应。

部分研究从客户破产或财务困境宣告角度探究了客户关系对企业的信息溢出。客户信息对企业的溢出效应主要是指客户的信息会对供应链上其他个体产生影响，例如如果有关客户的经营业绩或风险信息传递到供应商企业，将影响供应商企业的股价。Lian

(2016) 发现，供应商的财务困境与大客户的财务困境显著正相关，该关系在二者关系紧密时更加显著。Hertzel 等（2008）研究发现，客户破产将导致企业出现未来应收账款风险以及未来收入风险，企业股价在客户宣告破产时出现负向反应。当客户所在行业遭受损失时，企业的负向反应更大。Dhaliwal 等（2016）认为，如果给予大客户较多商业信用，则账款在大客户破产时很难被及时收回，因此客户集中度将导致较高的资本成本。Pandit 等（2011）研究了客户披露季度盈余公告后的供应商股价的反应，结果发现客户季度盈余信息发布后，供应商的股价会随之产生变化，而当企业间的交易关系越紧密、客户企业的收入波动性越大、市场不确定性越高时，上述效应更加显著。Oliveir 等（2017）研究发现，大客户陷入财务困境会导致供应商增加财务杠杆以增强议价能力。

2.2.3　客户信息对供应链外部的溢出效应

除了供应链上客户会对上游企业的财务表现及资本市场反应产生影响之外，供应链的溢出效应还会波及外部利益相关者，如投资人、债权人、审计师、分析师等，而对外部的溢出效应主要来自供应链上私有信息的获取。例如，企业披露的客户信息或其客户直接关联的信息会对银行等债权人的信贷决策产生影响，当银行对企业及其客户同时建立借贷关系时，能够获取更多的供应链私有信息，而这类信息将有助于银行对借款企业进行准确的风险评估，进而影响债务契约条款。然而，随着供应链金融的兴起与发展，金融机构开始围绕核心企业，将上游供应商和下游客户一并作为授信整体，有针对性地提供融资服务，这使供应链信息的重要性日益凸显。特别是对于中小企业，金融机构在开展资信评估时，除了贷款申请企业自身的财务状况和信用风险之外，还需要关注企业在其所处供应链上的议价能力。将金融授信和企业与其供应链上下游的业务交易和往来款项进行有机融合，可使以大型企业为核心的供应链企业获得更多的融资渠道，这能在一定程度上优化市场资源配置，改善供应链发展不均衡的现状。

已有研究发现，分析师倾向于对企业和其主要客户同时跟踪以获取更多供应链专有信息从而能提高其预测准确度。Luo 和 Nagarajan（2015）发现，分析师对于同时跟踪某家企业及其客户的决策在很大程度上取决于该企业与供应链信息的互补程度，如果分析师能够从企业的客户中获取更多帮助分析企业未来不确定性的信息，就会促使分析师同时关注其客户。Guan 等（2015）在研究客户关系对分析师的影响时，发现企业与客户关系紧密程度会影响分析师的跟踪决策，分析师更加倾向于同时跟踪关系稳定且紧密的企业与其客户，旨在借此提高预测准确度。

与分析师类似，审计师也会利用客户及供应链信息以提高审计质量，降低其工作成本，这说明客户信息对审计师存在信息溢出效应。已有研究发现，共同审计师能够降低客户与供应商之间的信息不对称，由于审计师从对企业客户的审计能够获取更多补充信息，使信息获取成本降低，从而有助于降低审计收费（王雄元等，2014），同时更多的供应链信息也有助于提升审计质量（Johnstone 等，2014）。Chen 等（2014）也发现，供应链信息有助于降低对审计客户的信息获取及分析成本，因此当企业与其客户被同一家会计师事务所审计时，其审计费用更低；这种效应在企业与其客户的审计师处于相同层级时，信息传递效应更强，供应链信息降低审计收费的效用更加显著。Krishnan（2016）还发现，客户集中度高的供应商支付的审计费用更低，且当供应商与其大客户共享相同的审计师时，该关系更显著。

2.2.4 客户信息对债务融资的影响

银行同样可以根据供应链上获取的行业专有知识作出授信决策。例如，有研究发现，当借款企业及其客户与同一家银行存在信贷合约时，银行在借款企业自身提供的信息基础上，还有机会从客户处获得借款企业及其所处供应链的专业信息，这有助于银行全面了解企业经营状况、市场环境及预期风险，降低银行与借款企业之间的信息不对称。上述结论说明客户与企业之间的经济联系可以为银行评估企业的信贷风险提供有用的私有信息。客户破产不仅影响企业的股东利益，也影响债权人对企业未来债务风险的判断，Jorion 和 Zhang（2009）发现，客户宣告破产行为会增加供应商债权人的信用违约掉期风险，原因包括客户宣告破产后商业信用难以收回以及供应链关系的断裂。Tsung - Kang 等（2010）研究发现，供应链上下游对企业债务融资成本的影响不一致，企业债券利率与其供应商的信息不对称程度显著正相关，而与客户的信息不对称程度无显著关系；企业债券利差与其供应商或客户所在行业的集中度显著正相关，与其供应商研发投入显著负相关。Files 和 Gurun（2011）提出，主要客户财务重述可通过减少未来现金及收入的财富效应或反映企业财务报告数字不佳的信号效应促使银行要求更高的借款利差以及更严格的财务约束条款，结果发现客户财务重述确实能提高借款利差，并且该关系在借款人转移成本高时更显著。Li 和 Yang（2011）研究发现，关系客户有利于维护供应商现金流，因而拥有关系客户的供应商的银行贷款条款会更加优厚。Iktzkowitz（2013）认为，客户供应商关系作为一种隐性的未来承诺，能够提高供应商以更加宽松的条件获得银行贷款的能力。Gong 和 Luo（2014）研究发现，若银行之前给主要客户提供过贷款，其对供应商会计稳健性的要求将更低，且供应商或客户信息不透明、供应商和客户的关系较重要或关系较持久、供应商为客户提供较高的商业信用都会加强供应链借贷关系与供应商会计稳健性之间的负向关系。Campello 等（2015）研究发现，企业客户集中度高会增加企业银行借款成本，如以更高的贷款利率、更多的限制性条款获得贷款；与银行关系的稳定性也会影响其违约发生的可能性；而当企业的客户财务状况不佳时，企业获取银行贷款时的条件越严格，即贷款成本升高。Kim 等（2015）研究发现，主要客户盈利与供应商合约条款优厚程度正相关，且这一关系在供应商与银行前 5 年不存在借贷关系、供应商对客户依赖程度较高时更显著，原因在于主要客户盈利能力可以保证供应商的现金流以及供应链关系的稳定。Houston 等（2016）研究发现，客户宣告破产可导致供应商借款利差提高，尤其当客户处于财务困境的行业或关系紧密时更显著。债权人不仅会对客户的破产公告作出反应，还会针对客户的财务重述以及盈利能力，改变借款契约。

我国学者的研究结论不尽相同。王迪等（2016）发现，当企业向前 5 名客户的销售额占比较高时，说明客户集中度较高，其所获得的银行借款总额更高，同时短期借款和长期借款规模都有所增加，并且认为当客户处于强势一方时，对增加企业借款获得能力的影响会更加显著。李欢等（2018）研究发现，客户集中度能增加企业获得银行借款的能力，同时使债务结构中长期借款的占比更高，而在融资约束更突出的民营企业中，当国有企业客户或上市客户越多时，关系越显著，这表明银行认为集中的优质客户能为企业带来信号作用。然而，江伟等（2017）研究发现，客户集中度与企业的长期借款之间呈现非线性关系，过高的客户集中度会对企业银行借款产生负面影响，这说明我国银行在给企业发放长期贷款时，同时考虑了客户集中度提高可能给企业带来的潜在收益和潜在风险。

2.3 文献评述

既有文献广泛研究了客户对企业及第三方如分析师、审计师、投资者和债权人的影响，说明理论界和实务界都已充分认识到供应链关系是企业一项重要的社会资源和战略构成，关系网络的管理也逐步成为企业的管理战略之一。已有研究已经涉及企业供应链关系对企业活动影响的经济后果，但从企业自身对于主要供应链关系的信息披露角度剖析其自愿披露的动机及经济后果的研究相对匮乏。在现有的制度背景下，证券监管机构对企业披露供应链信息要求大多以鼓励为主，强制的部分较少，因此探讨企业进行相关信息披露的经济后果有助于改善上市公司信息披露质量。企业的客户信息披露研究要以披露程度为基础，但客户关系在不同制度背景的市场中对企业的影响不同，以至于现有的有关客户供应商关系对企业影响的研究结论不尽一致，我国作为发展中国家，拥有新兴市场经济环境，正有大量的企业迅速成长，因此在新型的供应链整合模式构建过程中能观测到更加创新的社会关系建立方式以及长期关系格局的演进形式。在我国，经济的迅速发展增加了市场中的资本需求，然而在金融市场完善机制尚处于发展阶段的情况下，相比于股权融资严格的监管程序和较高的交易成本，债务融资方式的成本较低，获得的门槛也较低。我国的金融市场中银行信贷占据重要地位，因此企业能否缓解融资约束、提高银行贷款的可获得性以及降低融资成本，都对提高企业市场竞争力至关重要。

从已有研究债务融资的文献中发现，大多都是从信息披露角度进行的研究，但针对企业的自愿信息披露，特别是供应链信息的研究并不多，而且从自愿信息披露角度研究担保借款方式的债务融资成本也正处于创新阶段。国内外学者针对客户这一企业的主要社会关系①的研究发现，对主要客户依赖使企业自身经营活动受到来自外部的影响，与此同时还面临外部信息使用者对供应链关系的不同

① 已有研究充分证实了企业的社会关系网络能够对企业价值发挥重要作用（Blair，1995），供应链关系涉及核心企业及其上游供应商和下游客户，符合价值链管理理论和实践。本书研究重点在于企业的客户信息及其关系形态对企业的影响。

解读，进而导致诸如分析师预测、审计费用、股权融资资本成本等经济后果的产生。部分学者研究认为，当企业与客户保持相对稳定的关系且能够提高收入稳定性、提高自由现金流时，资金提供方会认为企业生产经营状况相对稳定，信用违约风险较低，监督成本的下降有助于降低其融资成本。但也有研究者发现，银行作为主要的债务融资来源并不乐于看到企业对少数客户过于依赖，原因是这种情况会加剧企业受到行业政策变动的影响，而且供应链关系中对客户的依赖还会导致企业的议价能力受损，更易被客户侵蚀利润①，同时企业可能更加被动地被套牢在这种非良性合作中，一旦关系中断，对企业而言将会面临更严重的经营风险。银行对此的应对方式是以更加严格的贷款条件向企业发放贷款，具体表现为限制贷款规模、上浮贷款利率、缩短贷款期限和附加担保条件以及其他限制性条款，从而防范自身的信贷风险。关于债务融资成本的影响因素的研究还发现，产权性质会显著影响债务融资的能力和成本，国有企业的信贷可得性优于非国有企业，且融资成本较低。也有研究表明，企业的专有性投资规模越大，套牢风险越高，企业的资产流动性受限将影响可抵押资产价值，不利于信用风险评估，从而导致融资成本上升。

银行借款条款可以根据是否与定价相关分为价格条款（包括金额、利率和期限）和非价格条款（包括借款方式、限定性条款等），同理银行借款成本也可以分为财务成本和非财务成本。而银行发放贷款时对借款人的担保要求（即信用贷款或担保贷款）对企业而言的成本也是不同的。本书认为，当银行评估企业的信息质量不足以支撑信用贷款时，说明银行需要采取其他方式缓解信贷风

① 当企业的收入来源依赖于少数客户时，客户企业会利用其在供应关系中更强的议价能力对销售合约的制定施压，使企业出让获利机会；同时，企业受制于客户流失的压力，更有可能在利益博弈中妥协而损失利润。

险，例如要求企业提供担保品。同时，已有研究表明抵押物与贷款违约之间呈现正向显著关系，这表明在信贷市场上，解决贷款发放后由于信息不对称引发的道德风险是贷款人要求抵押物的主导因素。从国内相关研究分析来看，尽管银行和金融机构在信贷决策中倾向于利用抵押担保方式防范信贷风险，但是用企业数据研究抵押品作用的文献尚且不多，已有研究发现，基于道德风险模型的抵押担保方式会显著增加贷款违约率，同时也会显著提高贷款利率。由于抵押借款的发放反映了银行对客户信贷风险的评估结果和防范方式，因此更好地体现客户信息对企业的影响，具体而言，本书拟通过企业获得银行抵押借款的具体特征研究从银行风险评估角度如何看待企业披露客户信息的行为本身以及从中反映出的客户关系，其中客户集中对具有信贷风险的企业而言是“雪中送炭”还是“落井下石”也是本书关注的重点。

供应链关系对企业债务融资的影响研究主要从客户集中度对银行借款的规模、借款成本等方面展开，且研究视角一般基于企业自身的公司治理水平、盈利能力及外部市场因素展开，但由于研究背景中经济体制和金融发展水平不同以及变量选择有所差异，所以会得出差异化的研究结论。我国学者研究发现，当企业依赖少数大客户时，会提高现金持有以防范客户关系断裂带来的经营风险，同时也会限制企业的投资活动。而对于借款特征的研究发现，银行作为外部信息使用者对于企业的客户集中度的认知是动态的，对贷款可获得性存在正向影响，其中短期借款的可获得性会增加，但对于长期借款的影响会随着客户集中程度而变化，即主要客户的存在会为企业的资金来源提供保障，一旦企业对客户的依赖性过强，银行会将两者的关系视为风险因素，进而限制长期贷款的发放。而细分客户的特征表明，上市公司或国有企业客户的存在能为企业带来更多的隐性保障，使银行更加信任借款企业的偿债能力，从而使企业的贷款可得性增强，这说明企业的客户关系具有信息溢出效应，能够为供应链外的信息使用者产生效用。但现有研究均从企业披露的客户集中度展开研究，对于企业信息披露本身未给予更多关注，制度鼓励企业披露客户具体名称和销售额，但企业进行详细披露的影响因素是否也会导致银行对其的风险评估也是值得关注的问题。

此外，如果客户关系中，企业处于相对弱势一方，客户会对供应契约提出更多要求进而导致企业放弃部分利润，或承担更多的商业信用，影响资金周转能力，使信用风险增加。当企业所处的行业竞争程度越大时，企业披露客户具体信息的动机越弱，从而对信息披露质量产生负面影响。

较少文献从抵押借款角度进行研究，如果银行要求企业以抵押方式获得借款，就说明企业的信息质量不足以使银行认定其信贷违约风险处于较低水平，要求抵押正是银行为了防范事后道德风险而采取的措施。近年来，证监会对企业公开披露信息的要求逐步提高，其中也提高了供应链信息的披露要求，这说明供应链信息是企业信息披露中重要的组成部分，并且受到较多关注。客户作为企业经营活动的主要服务对象，企业对其销售的产品比例、销售收入占比、存货周转率和商业信用情况也是商业银行授信工作中非财务因素分析中的重要风险因素，这引发了本书对客户的信息披露质量是否会对企业抵押借款产生影响的思考。

由于客户关系管理及供应链整合成为企业提升市场竞争力的新趋势，客户作为企业重要的社会关系和主要的外部利益相关者，会影响企业的各项经营活动和财务状况，如果企业更多地依赖银行获取外部融资，那么银行借款是作为企业持续经营和资产周转的关键保障。但如果银行借款中存在因借贷双方信息不对称而导致的企业为获取银行借款需要付出更多成本，那么企业的信息披露中客户信息这一非财务信息能否在一定程度上提高信息环境进而降低企业的融资成本；同时从企业披露的信息中反映出来的客户关系紧密程度又会如何影响银行对企业的信贷风险评估、影响获得抵押借款的能力，这些在学术层面都是值得关注和探究的问题，并且也是企业在融资过程中亟待实践的途径。本书将从企业自愿披露的客户信息入手，首先探究客户信息是否在银行进行抵押贷款授信决策时发挥积极作用；其次进一步根据企业披露的客户信息反映出来的客户关系探究其对银行抵押贷款的授信决策的影响，同时剖析客户集中对企业的效应；最后探讨客户信息对抵押贷款的影响机制。

综上所述，一方面我国在实证研究领域对于企业获得银行借款的影响因素的研究主要包括企业业绩、公司治理、所有权结构、政治关联、审计意见等，其中对于供应链这一重要社会关系的影响关注不足；另一方面，我国关于供应链关系影响企业银行借款，特别是抵押借款的研究尚显不足，本书的研究期望能够丰富和完善供应链关系和企业银行借款方面的文献和研究体系。

2.4　理论基础

2.4.1　信息不对称理论

信息不对称理论认为在经济交易活动中，资本市场参与者的信息获取和处理能力不同，拥有更多信息和更强信息处理能力的参与者会优先满足自身的利益诉求，这可能损害交易对方的经济利益（Akerlof，1970）。信贷市场中借贷双方不可避免地存在信息不对称，债务人披露自身信息越多，越可能增加与竞争者参与市场竞争的风险，因此其披露动机不充分。这种情况下，债权人在对债务人进行风险评估时就不得不花费更多的信息获取成本以及事后的监督成本，使得债权人相对被动。正是由于与借款人之间存在信息不对称，银行才要求借款人提供偿还能力的证明，同时还能保障违约后的价值补偿，抵押品的需求由此产生。

逆向选择是由于信息不对称引发的市场资源低效配置的现象，属于信息不对称的事前效应（Bester，1985；Chan 和 Thakor，1987），也广泛存在于信贷市场中。当银行收到贷款申请后，通过风险评估区分低风险借款人和高风险借款人。低风险借款人的信息优势使得其更青睐低利率且附加契约条款更少的贷款，他们认为自身未来发展较好、违约风险低、受到的融资约束较小，因此不接受成本过高的契约。反之，高风险借款人受到融资约束的限制，无法获得更优惠的条款，更愿意接受银行设定的较高的利率或者严苛的合约条款，但弊端是该类贷款的违约率也会更高。当贷款银行普遍设置的贷款利率较低时，借款需求就会增加，进而大幅增加信贷市场中对银行资金的需求。随着银行资金需求大幅上涨，贷款成本会逐渐上涨，如贷款利率升高，此时低风险借款人会由于过高的融资成本放弃银行信贷资金，转而寻求其他融资渠道，结果便是低风险借款人逐渐退出银行的信贷市场，自然淘汰的结果是更多的高风险借款人申请银行贷款，而大量高风险借款人造成了银行贷款的违约率大幅上升，从而导致了银行信贷市场上的逆向选择结果[①]。在逆向选择模型中，银行在发放贷款前由于借贷双方信息不对等，对于借款人的风险类型无法作出准确判断。一般情况下，优质借款人可以通过提供抵押品来传递自身充足资产状况以及低风险类型的信号以获得优惠的契约条款。低风险借款人财务状况较好，出现债务违约可能性较低，同时由于可能出现的违约导致抵押资产的流失风险也比较低，从借款人角度而言提供抵押物作为担保的机会成本较低，因此提供抵押品的意愿具有优质借款人传递自身的低违约风险的信号作用。由此可知，当债权人无法通过其他途径获取借款人的信用资质时，优质的借款人可能会传达较强的提供抵押物的意愿，

① 逆向选择的结果是市场中优质的借款人被迫放弃银行信贷，留下高风险借款人，未来会导致更多违约产生，信贷市场进入恶性循环。

以向债权人显示自身信用较好、违约风险低的信号，从而提高贷款可得性或者在签订贷款合约谈判时争取到更优惠的贷款条件。

道德风险是银行债务契约中普遍存在的另一个问题，一般指债务人无法履行债务契约的情形，属于信息不对称的事后效应（Boot 等，1991；Banerjee 和 Newman，1993）。企业在获取了银行贷款后，如果对资金流向把控不严，投资高风险项目出现失败，或者经营不善使现金流周转出现问题，都有可能导致流动资产不足、履行偿债义务受限，从而损害债权人的权益。在道德风险模型中，债权人签订贷款合约之前已经能够获取借款人的风险信息，并能有效区分高风险和低风险借款人，但是为了有效监督借款人获取贷款后的资金使用及偿还贷款情况，即基于贷款签订后依旧存在的信息不足，提出担保条件。该模型认为债权人会向低风险借款人提供不需要抵押担保的信用贷款，或者贷款条件较宽松，如较低利率、较低的担保比例或较少的限制性条款。反之，高风险借款人在签订贷款合约时，通常会被设置更严苛的契约条款，例如契约中的利率会较基准利率上浮更多，或者附带更多的担保物，或者设置更低的抵押率[①]。通过契约条款的设置对不同借款人加以区分，是因为高风险借款人出现信用违约的可能性更高，债权人为了保障其债权的实现会要求高风险借款人提供更多的抵押，以通过获得抵押品的处置权降低由于债务人违约造成的信贷损失。债务人的信用等级和风险类型在签订贷款合约时能被银行识别到或根据其信息披露判断出来，银行在设置贷款契约条款时会要求高风险债务人提供更多抵押物作为担保，目的在于防范未来可能出现的债务违约，降低自身利益受损的可能性。

---

① 抵押率 = 抵押贷款本金与利息之和/抵押物估价与价值之比。抵押率越高说明提供的抵押物价值能保障更高金额的贷款。例如，申请获得同样贷款金额的借款人，如果违约风险高，银行会设置更低的抵押率，即使其提供更高价值的抵押物以防范其信用风险。

综上所述，在债务契约中抵押担保要求的设置是对信息不对称导致的逆向选择或道德风险效应的一种防范措施。逆向选择模型将抵押解释为一种信号机制，认为抵押可缓解借贷双方事前的信息不对称，高质量借款人选择提供抵押从而获得低成本贷款，而低质量借款人选择不提供抵押从而不得不支付较高贷款成本；道德风险模型将抵押视为缓解事后道德风险的有效机制，认为低质量借款人具有更高道德风险因而需要通过抵押等更严格的条件获得贷款。因此，本书引入了客户信息披露即从缓解借贷双方信息不对称程度入手，探讨银行对该信息的理解及其经济后果，自愿的客户信息披露是否可以形成抵押贷款评估时的增量信息。

2.4.2 信贷契约理论

企业融资约束问题在很大程度上是来自银行等金融中介机构与借款企业之间的信息不对称以及贷款方无法有效获取企业的信用资质用于评估企业的违约风险。因此，银行等金融机构开始广泛利用贷款合约中的担保要求以控制企业融资过程中的违约风险，例如设置抵押物，并在贷款合约中明确规定担保违约责任。在这种情况下，银行等金融机构在与企业协商制订贷款合约时，确定贷款利率和设定担保条件是防范违约风险最重要也是最直接的方式，但两者在影响借款者行为方面的作用却是不同的。Akerlof（1970）提出了以信用为重要核心的市场交易经济模型，阐明了信息不对称的经济后果，并首次指出缓解不对称信息的有效机制之一就是提供担保。Barro（1976）提出了信贷融资担保理论模型，他也认为担保是贷款合约执行的保障，能够使债权人的利益不受到损害。抵押担保在信贷合约中的作用可以分两个阶段来看：传递借款人信用风险的信号和保障信贷合约的履行。首先，抵押品的提供能够传达借款人的资产状况，通常能够用以抵押的资产都是固定资产，具有价值高不易转移的特点，借款人拥有可抵押物能够帮助银行甄别其偿债能力。其次，在签订了贷款合约后，抵押物还能发挥其监督作用。因为有关抵押物的契约条款都会附有违约责任，一旦借款人违约，抵押物将会被处置，而处置收益将优先偿还给债权人，借款人通常不愿失去抵押品的所有权，因此抵押机制会监督借款人按期偿还债务。再次，担保价值与借款者所获得的贷款的价值会存在差异，因为只有抵押品价值高于被担保贷款金额才能达到防范违约风险的目的。最后，借款人违约会使得债权人获得处置抵押品的优先受偿权，而在贷款协商阶段债权人对于抵押物的获得也仅限于可能性，并非必然获得，因此并不会降低债权人对债务人实施监督的动机。本书以抵押借款作为研究对象，正是因为对于签订抵押贷款合约的企业而言，其信用资质本身不足以达到信用贷款要求，而抵押贷款本身的契约条款涉及较多条件，银行在对其发放抵押贷款时会将诸多信息纳入评估体系以获取准确的借款企业信用资质，同时企业也期望通过提供更多信息含量以降低借款成本。

2.4.3　代理成本理论

代理成本理论认为当代理人与委托人之间的信息不完备造成的信息不对称会导致委托人对代理人实施监督的难度增大、成本增加，同时代理人与委托人利益目标不尽相同也可能导致代理人的经济决策有悖于委托人的初衷，导致委托人利益受损，因此委托人需要依赖严密的契约关系来监督代理人行为（Jensen 和 Meckling, 1976）。这种代理关系也存在于信贷市场中，当债权人与债务人之间的信息不对称程度较高时，债务人可能对资金的使用不善，如将贷款资金投资于高风险项目等，一旦资金流断裂或投资失败就会导致信贷违约风险增加。Myers（1976）认为，债权人出于防范信贷风险的目的会要求债务人提供抵押物以担保其负有的债务。代理理论对抵押与借款者信贷质量之间的关系有不同预期：一方面，逆向选择模型将抵押解释为一种信号机制，认为抵押可缓解借贷双方事前的信息不对称，即高质量借款人选择提供抵押从而获得低成本贷款，而低质量借款人选择不提供抵押从而不得不支付较高贷款成本（Bester，1985）；另一方面，道德风险模型将抵押视为缓解事后道德风险的有效机制，认为低质量借款人具有更高道德风险因而需要通过抵押获得贷款（Myers，1977）。抵押被认为是缓解债务契约代理问题的有效工具（Barro，1976；Stiglitz 和 Weiss，1981），银行要求抵押是为了减少逆向选择、信用配给低效以及其他由于借款人事前私有信息导致的无效行为（Berger 等，2011）。大部分文献证实了有较高代理问题的公司更可能使用限制性条款（Jensen 和 Meckling，1976），抵押通常与较高贷款风险相关（Berger 和 Udell，1990），相对于无抵押借款，抵押借款具有更高利率（Harjoto 等，2006）。中国信贷市场无法通过利率浮动和债务契约的有效执行分散借款风险，债权人保护更多依赖于会计信息与抵押品（于李胜和王艳艳，2013；陆正飞等，2008）。

通过抵押债权人获得了抵押资产对其债权进行担保，不仅可以限制那些可能损失债权价值的低效行为，还可以在债务人拖欠债务时出现无法偿还贷款的情况时，债权人立即获取抵押资产的处置权，并可以通过拍卖等方式部分或全部补偿无法收回的贷款资金。获得抵押资产处置权有助于债权人对债务人行使监督职能，以防范债务人出现道德风险，降低债权人可能遭受的损失。

2.4.4 信息外部性理论

企业的供应链信息（如客户信息）对于判断企业未来经营风险具有增量价值，同时企业及其所处供应链披露的公开信息具有准公共产品属性，准公共产品外部性的存在使得企业的投资者、债权人以及分析师等外部的资本市场参与者有能力根据企业及其供应链披露的信息推断企业未来发展状况，以作出相关经济决策（Pandit 等，2011）。同时也有研究发现，与分析师相似的诸如银行和审计师等外部第三方在进行企业未来风险识别时，也可以通过获取企业上下游的供应商和客户私有信息来进行推断（Guan 等，2015）。如果这类信息使用者从企业披露的信息中获取到了有关其供应链信息，一方面可以降低信息获取成本，使其根据这类信息作出的相关经济决策更加有效；另一方面从已披露的信息中可以提取与自身决策关系更加紧密的关键信息，使得企业自愿增加信息披露的动机增强。

因此，在企业的银行借款契约中，企业除了需要向银行提供有关自身经营情况的基本面信息外，还会提供其他材料以便于银行对其进行更加准确的信贷风险评估。例如，在银行授信工作指引中就明确提出，银行需要关注企业的产品和市场以及所处行业的特征。这表明供应链作为企业重要的社会关系网络之一，所提供的信息对企业的信息使用者具有有效的信息传导作用，且能够为这类信息使用者提供对决策有用的信息。因此，本书拟探讨客户信息能否在银行对企业进行信用资质评估时发挥作用，分别从企业披露客户信息的行为以及披露的具体内容两个方面进行讨论。

2.4.5　供应链关系管理理论

供应链理论衍生自价值链理论[①]，将企业经济活动先联系为一个整体，再分解为各项战略性活动。其中，供应链上各方市场力量的对比影响企业的盈利水平，在投入和产出环节拥有更多话语权的参与者将获得更高利润，因此面对强势供应链合作者的企业获得利润的能力会被压缩（Porter，1980）。供应链关系管理理论认为，供应链上下游的买卖双方通过专有化投资扩大联系，而关系管理有助于供应链整合进而增强企业为其客户服务的能力：一方面可增加整体销售规模，降低销售成本；另一方面能够改进产品并销售预测，

① 迈克尔·波特．竞争优势［M］．陈小悦译．北京：华夏出版社，2005.

降低生产成本。供应链关系中，企业与客户的关系与企业盈利能力存在更加直接的联系，客户的购买力会对企业的价格策略、营运能力、产品设计以及营销服务等产生重大影响，进而影响企业的成本结构和利润组成。企业为其关键客户提供个性化服务并保持长期的稳定关系，可以提高企业的营运效率和利润水平（Gosman 等，2004）。这种稳定关系的建立需要以分享专有信息为前提[①]，可能引发参与者的机会主义行为，并产生关系风险和业绩风险（Baiman 和 Rajan，2002）。

当企业拥有话语权较强的大客户时，一方面有助于稳定企业的收入来源，双方形成的战略合作关系能改善企业的生产及管理效率；另一方面其中暗含的风险也应该被重视，更强谈判力的客户更可能以供应关系作为筹码，要求企业降低价格、延长商业信用期限，或者增加供应频率以降低其自身仓储成本，这使得企业的利润被实质性侵占。因此，在供应链上，买卖双方的关系既有可能是相互支持的也有可能是相互压榨的，而管理好客户关系这种无形资产能够被资产市场识别并体现在企业的市场价值中。

① 专有化投资一旦脱离关系范畴就毫无价值，进行专有化投资的卖方或买方将被锁定在这种关系中，当重新寻找新合作者的转换成本较高，或者未来不确定、信息不对称和未预期事项发生时，就会产生关系风险。

第 3 章

制度背景与数据特征

3.1　抵押借款制度与数据特征

3.1.1　抵押借款制度背景

信贷市场中的信息不对称是信贷风险形成的重要因素之一。银行信贷市场中存在大量信息不对称，导致了信贷合约制订前对于借款企业风险评估的逆向选择，同时也会影响借款企业在契约执行中的道德风险。为了缓解由信息不对称而产生的逆向选择和道德风险，以抵押为主要形式的担保在贷款合约中得到了广泛运用。在我国的商业银行贷款发放中，大量的贷款都需要抵押担保。在我国，信用贷款的发展较抵押贷款更早，改革开放前是我国银行的主要放款方式。而实行的抵押贷款制度是与经济体制改革相适应的，在实行计划经济时期，其与传统的经济体制相适应，对企业发放的贷款都是信用贷款，这是信贷资金“供给制”的重要形式，存在着资金占用多、周转慢、效益差的弊端；在建立社会主义市场经济的新时期，经济金融体制改革后，全面开启了抵押贷款，建立并完善了配套的法律法规及规章制度。而从银行等金融机构的角度来看，抵押贷款的安全性、盈利性要明显优于其他信贷资产。

根据《中华人民共和国担保法》（以下简称《担保法》）第三十三条规定，抵押是指债务人或者第三人不转移对财产的占有，将该财产作为债权的担保，债务人不履行债务时，债权人有权依照法律规定，以该财产折价或者以拍卖、变卖该财产的价款优先受偿。在抵押借款合同中，借款人或第三人为抵押人，银行或其他金融机构为抵押权人，用作担保的财产为抵押物。因此，抵押是对债务进行担保，保障债权人在出现事后道德风险时可以获得优先受偿权的法律保障行为。《担保法》第三十五条规定，抵押人所担保的债权不得超出其抵押物的价值；财产抵押后，该财产的价值大于所担保债权的余额部分，可以再次抵押，但不得超出其余额部分。

基于物权法规定的原则，可用于抵押的实物仅为法律规定的特定物。依据《中华人民共和国物权法》第一百八十条的规定，债务人的以下财产可以作为抵押品：（一）建筑物和其他土地附着物；（二）建设用地使用权；（三）以招标、拍卖、公开协商等方式取得的荒地等土地承包经营权；（四）生产设备、原材料、半成品、产品；（五）正在建造的建筑物、船舶、航空器；（六）交通运输工具；（七）法律、行政法规未禁止抵押的其他财产。第一百八十四条规定，下列财产不得抵押：（一）土地所有权；（二）耕地、宅基地、自留地、自留山等集体所有的土地使用权，但法律规定可以抵押的除外；（三）学校、幼儿园、医院等以公益为目的的事业单位、社会团体的教育设施、医疗卫生设施和其他社会公益设施；（四）所有权、使用权不明或者有争议的财产；（五）依法被查封、扣押、监管的财产；（六）法律、行政法规规定不得抵押的其他财产。《担保法》第三十四条规定了几类财产可以抵押：（一）抵押人所有的房屋和其他地上定着物；（二）抵押人所有的机器、交通运输工具和其他财产；（三）抵押人依法有权处分的国有的土地使用权、房屋和其他地上定着物；（四）抵押人依法有权处分的国有的机器、交通运输工具和其他财产；（五）抵押人依法承包并经发包方同意抵押的荒山、荒沟、荒丘、荒滩等荒地的土地使用权；（六）依法可以抵押的其他财产。

从相关文献的研究来看，部分学者认为，抵押物的设置是为了防范债务契约签订前的逆向选择，也有学者认为，其功能更多的是防范债务契约履行过程中的道德风险。逆向选择模型认为，抵押品是鉴别高质量借款者的标志，因此抵押品和违约率之间存在负相关性。与之相对的是，道德风险模型认为，抵押品是为了防止高风险借款者违约的工具，因此抵押品和违约率之间存在正相关关系。从金融机构的角度来看，银行解决逆向选择和道德风险的措施差异较大，比如信用评级、风险定价等可以缓解逆向选择问题，而改善贷款清收管理、提供贷款偿还激励等可以缓解道德风险。所以，区分和识别信息不对称的类型对提高银行经营管理水平、防范信贷风险非常重要（Adams 等，2009）。

1. 抵押贷款与无抵押贷款的对比

从贷款条件来看，无抵押贷款属于信用贷款，借款企业仅凭自身信誉而无须提供抵押物或第三方担保即可获得贷款，通常信用资质较好的企业可以通过信用方式获得贷款，而抵押贷款则属于担保贷款，需要附有第三方担保或自身提供抵押品作为偿还贷款的担保，如果借款企业无法按期偿还贷款，银行则有权将抵押品处置以清偿贷款。

从贷款利率来看，相比抵押品提供的事后保障，无抵押贷款使银行承担了更高的信用风险，因此无抵押贷款的利率通常会比抵押贷款的利率高。从贷款额度来看，无抵押贷款的放款额度通常较抵押贷款更小，而抵押贷款额度会根据抵押物的价值及银行根据风险评估确定的抵押率来决定。从贷款期限来看，由于无抵押贷款对贷款银行而言风险更高，因此年限通常比较短，从企业贷款数据中观测到的无抵押贷款期限通常在 6 个月至 36 个月不等，而抵押贷款的年限最长会放宽至 240 个月，因此可以看出贷款期限也是银行控制信贷风险的方式之一。

2. 银行授信评估的信息来源

中国人民银行《贷款通则》① 第二十六条中对借款人的信用等级评估的要求指出，贷款人应当根据借款人的领导者素质、经济实力、资金结构、履约情况、经营效益和发展前景等因素，评定借款人的信用等级；评级可由贷款人独立进行，内部掌握，也可由有权部门批准的评估机构进行。企业的利益相关者正式成为了贷款人评估其发展前景、经营效益进而评价其信贷风险的重要材料。同时，这些利益相关者影响了企业的经营和发展，例如供应链上游供应商和下游客户会通过商业信用使企业的经营风险分流，因此企业的经营决策也会受到其所处供应链的影响。在 2004 年银监会颁布的《商业银行授信工作尽职指引》② 中，明确指出识别借款企业的产品风险应关注：（1）产品定位、分散度与集中度、产品研发；（2）产品实际销售、潜在销售和库存变化；（3）核心产品和非核心产品对市场变化的应变能力。鼓励银行在授信过程中更加关注和识别借款企业的非财务信息，其中包括对借款企业的技术能力、产品和市场、所在行业特点等方面的风险进行识别。由此可见，借款企业的供应链信息逐渐进入了银行授信风险评估的考察范围，其重要性和信息含量日益凸显。在美国次贷危机爆发后，2009—2010 年我国银监会出台一系列贷款管理办法③，要求商业银行对传统信贷业务的授信审批流程进行改革，提高借款人的征信标准，其中就要求授

① 《贷款通则》由中国人民银行根据《中华人民共和国商业银行法》等有关法律规定制定，自 1996 年 8 月 1 日起施行，后于 2016 年修订，旨在维护信贷市场秩序，规范借贷行为。

② 在《商业银行授信工作尽职指引》中，中国银行业监督管理委员会首次对商业银行、授信和授信尽职调查提出详尽的尽职要求和评价标准，拟通过该文件降低商业银行授信风险，规范授信工作的流程。

③ 包括《固定资产贷款管理暂行办法》（2009）、《项目融资业务指引》（2009）和《流动资金贷款管理暂行办法》（2010）等。

信审核时加强对抵押品的评估，同时重点评估借款人的还款来源及其稳定性。对于本书中企业银行借款，其还款在很大程度上来源于企业的营业收入，而稳定的客户关系则决定了企业还款来源的稳定性。

3.1.2 抵押借款数据特征

根据中国银行保险监督管理委员会的数据显示，截至2017年底，我国银行业金融机构总资产已突破250万亿元，同比增长8.6%[①]。中国人民银行公开数据显示，2017年我国银行业金融机构各项贷款总计129万亿元，同比增长12.4%[②]。当年国民生产总值约为82万亿元，贷款总体量约为当年国民生产总值的157%，远超过57万亿元的股票总市值。2017年全年新增人民币贷款13.53万亿元，同比多增8,782亿元，再创历史新高。近10年来新增信贷整体呈现攀升态势，由2008年的4.91万亿元攀升至2017年的13.53万亿元[③]。由此可见，在我国银行借款是企业的主要外部融资渠道，银行成为了我国上市企业的主要债权人，这是因为银行贷款利率相对稳定，对于借款企业而言更加具有吸引力。

根据证监会对公开发行证券公司的信息披露要求，上市公司的财务报表注释中需列示不同期限银行借款的类别和金额，包括短期借款、长期借款以及一年内到期的长期借款。例如，《公开发行证券的公司信息披露编报规则第15号——财务报告的一般规定》中第二十条第一项规定，上市公司应当按借款条件分类列示短期借款期初余额、期末余额；第十三项规定，应按借款条件分类列示长期借款期初余额、期末余额及利率区间。其中借款条件主要分为信用

① 数据来源：中国银行保险监督管理委员会网站，统计数据——2017年银行业金融机构总资产情况表。

② 数据来源：中国人民银行，调查统计司，2017年金融统计数据报告。

③ 数据来源：中国人民银行，调查统计司，2008年至2017年金融统计数据报告。

贷款、担保贷款和票据贴现，其中担保贷款方式下又可细分为保证贷款、质押贷款和抵押贷款。表3－1和表3－2具体给出了银行贷款信息披露的一个实例，表格数据取自深圳中恒华发股份有限公司（股票代码000020）2016年年报附注。从表3－1中可以看出，银行借款被分成3类披露，分别是质押借款、抵押借款以及信用借款。由表3－1和表3－2对比可以看出，企业长短期借款的结构不一定相同。另外，也有的企业借款条件较为复杂，如采用抵押＋质押、抵押＋保证等形式，这类数据在样本筛选时，包含抵押条件的借款项目均纳入了抵押借款金额计算。

表3－1　　年度报告中列示的短期借款分类　　（单位：元）

项目	期末余额	期初余额
质押借款	15,000,000.00	49,493,738.74
抵押借款	103,114,376.32	67,348,857.39
信用借款	20,000,000.00	45,298,005.00
合计	138,114,376.32	162,140,601.13

数据来源：深圳中恒华发股份有限公司2016年年度报告。

表3－2　　年度报告中列示的长期借款分类　　（单位：元）

项目	期末余额	期初余额
抵押借款	585,300,000.00	162,418,800.00
合计	585,300,000.00	162,418,800.00

数据来源：深圳中恒华发股份有限公司2016年年度报告。

根据《贷款风险分类指引》（2007）规定，银行贷款按担保方式分类主要分为信用贷款、保证贷款、抵押贷款、质押贷款和票据贴现，由于票据贴现与一般贷款业务存在本质差异，故在此不做讨论。从表3－3可以看出，以2017年12月31日数据为例，根据上市银行的年报中提取的贷款数据可知，银行发放的贷款担保方式中抵押贷款的占比最大，平均占比高达 41.37%，远高于信用贷款、保证贷款和质押贷款，这说明银行的贷款业务以抵押贷款为主。其中，中信银行和中国银行的抵押贷款业务占比甚至超过贷款总额的 50%。

表 3-3　　上市银行贷款按担保方式分类的情况

（单位：百万元，百分比）

股票名称		信用贷款	保证贷款	抵押贷款	质押贷款	合计
平安银行	金额	419,264	274,719	510,637	256,335	1,460,955
	占比	28.70	18.80	34.95	17.55	100.00
宁波银行	金额	89,748,222	103,107,862	83,384,178	26,266,416	302,506,678
	占比	29.67	34.08	27.56	8.68	100.00
浦发银行	金额	744,151	682,061	1,157,707	178,887	2,762,806
	占比	26.93	24.69	41.90	6.47	100.00
农业银行	金额	2,345,858	1,293,680	4,594,468	1,485,633	9,719,639
	占比	24.14	13.31	47.27	15.28	100.00
光大银行	金额	491,329	391,427	695,272	217,250	1,795,278
	占比	27.37	21.80	38.73	12.10	100.00
华夏银行	金额	196,635	462,333	433,433	124,253	1,216,654
	占比	16.16	38.00	35.63	10.21	100
民生银行	金额	493,658	632,487	972,097	363,344	2,461,586
	占比	20.05	25.69	39.5	14.76	100
中信银行	金额	515,020	432,700	1,337,396	309,899	2,595,015
	占比	19.85	16.67	51.54	11.94	100.00
建设银行	金额	3,471,042	1,964,685	5,095,325	1,225,980	11,757,032
	占比	29.52	16.71	43.34	10.43	100
北京银行	金额	153,653	292,078	361,083	71,302	878,116
	占比	17.50	33.26	41.12	8.12	100.00

续表

股票名称		信用贷款	保证贷款	抵押贷款	质押贷款	合计
兴业银行	金额	405,786	482,311	955,801	172,473	2,016,371
	占比	20.12	23.92	47.40	8.55	100.00
南京银行	金额	40,844,990	173,327,282	93,222,439	24,390,104	331,784,815
	占比	12.31	52.24	28.10	7.35	100.00
中国银行	金额	548,123	506,536	1,417,736	330,485	2,802,880
	占比	19.56	18.07	50.58	11.79	100.00
农业银行	金额	2,326,471	1,277,207	4,591,744	1,484,158	9,679,580
	占比	24.03	13.19	47.44	15.33	100.00
招商银行	金额	812,251	401,832	1,275,655	373,329	2,863,067
	占比	28.37	14.04	44.56	13.04	100.00
工商银行	金额	3,592,113	1,867,424	5,986,629	1,610,680	13,056,846
	占比	27.51	14.30	45.85	12.34	100.00
交通银行	金额	1,246,306	831,043	1,552,805	473,405	4,103,559
	占比	30.37	20.25	37.84	11.54	100.00
平均占比		23.66	23.47	41.37	11.50	

数据来源：上市商业银行2017年年度报告。

表3－4至表3－6分别列示了交通银行、建设银行和农业银行2017年和2018年贷款业务的行业划分情况。根据上市银行年度报告中披露的按行业划分的公司类贷款总体分布情况显示，制造业的贷款需求量普遍最高，其次是交通运输、仓储和邮政业。如表3－4所示，交通银行2018年的制造业企业贷款占贷款总额的12.76%，成为其首要信贷收入来源；交通运输、仓储和邮政业以11.74%的占比居第二位；企业贷款占据交通银行贷款业务的70%左右份额。

表3-4　　交通银行按行业划分的公司类贷款分布情况

	2018年12月31日		2017年12月31日	
	金额（百万元）	占比（%）	金额（百万元）	占比（%）
企业贷款				
采矿业	109,215	2.45	107,787	2.63
制造业	568,656	12.76	579,666	14.13
-石油化工	106,999	2.4	106,514	2.6
-电子	76,261	1.71	59,942	1.46
-钢铁	34,893	0.78	36,841	0.9
-机械	96,092	2.16	118,200	2.88
-纺织及服装	30,043	0.67	33,714	0.82
-其他制造业	224,368	5.04	224,455	5.47
电力、燃气及水生产和供应业	162,821	3.65	147,141	3.59
建筑业	106,679	2.39	99,487	2.42
交通运输、仓储和邮政业	523,339	11.74	495,427	12.07
电信、计算机服务和软件业	25,769	0.58	20,594	0.51
批发和零售业	281,689	6.32	319,579	7.79
住宿和餐饮业	35,143	0.79	34,489	0.84
金融业	117,923	2.65	94,464	2.3
房地产业	186,784	4.19	204,111	4.97
服务业	353,325	7.93	300,929	7.33
水利、环境和公共设施管理业	248,641	5.58	188,622	4.6
科教文卫	81,812	1.84	80,597	1.96
企业贷款	106,278	2.38	117,290	2.86
贴现	138,958	3.12	126,589	3.09
个人贷款				
按揭	897,264	20.13	770,280	18.78
信用卡	399,004	8.95	307,857	7.5
其他	113,614	2.55	108,050	2.63
贷款和垫款总额	4,456,914	100	4,102,959	100

数据来源：交通银行2017年及2018年年度报告。

从建设银行的贷款分布情况来看（见表3－5），建设银行2018年的企业贷款业务仅占其贷款总量的不足50%，个人贷款规模较大，超过40%。企业贷款中，从2018年行业分布来看，交通运输、仓储和邮政业的企业贷款规模占10.11%、制造业企业贷款占9.13%。尽管企业贷款总规模与2017年相比变动不大，但上述两个行业的企业贷款规模却较2017年略有下降。

表3－5　　建设银行按行业划分的公司类贷款分布情况

	2018年12月31日		2017年12月31日	
	金额（百万元）	占比（%）	金额（百万元）	占比（%）
公司类贷款	6,443,524	49.94	5,864,895	49.89
交通运输、仓储和邮政业	1,304,691	10.11	1,207,636	10.27
制造业	1,178,373	9.13	1,177,985	10.02
租赁和商务服务业	913,395	7.08	749,690	6.38
其中：商务服务业	819,916	6.35	658,347	5.6
电力、热力、燃气及水生产和供应业	822,782	6.38	689,258	5.86
批发和零售业	436,275	3.38	410,923	3.5
房地产业	414,867	3.22	342,531	2.91
水利、环境和公共设施管理业	378,620	2.93	314,032	2.67
建筑业	252,989	1.96	236,382	2.01
采矿业	222,694	1.73	216,421	1.84
其中：石油和天然气开采业	6,199	0.05	5,745	0.05
教育	67,471	0.52	72,631	0.62
信息传输、软件和信息技术服务业	41,510	0.32	30,607	0.26
其中：电信、广播电视和卫星传输业	25,245	0.2	21,138	0.18
其他	409,857	3.18	416,799	3.55

续表

	2018 年 12 月 31 日		2017 年 12 月 31 日	
	金额（百万元）	占比（%）	金额（百万元）	占比（%）
个人贷款	5,193,853	40.25	4,338,349	36.9
票据贴现	122,495	0.95	495,140	4.21
海外和子公司	1,143,569	8.86	1,058,648	9
总计	12,903,441	100	11,757,032	100

数据来源：中国建设银行 2017 年及 2018 年年度报告。

从中国农业银行的企业贷款分布情况来看（见表 3－6），2018 年制造业企业和交通运输、仓储和邮政业企业贷款分别占企业贷款总规模的 20.2% 和 19.9%，相比 2017 年制造业企业贷款规模下降了 2.6%，但交通运输、仓储和邮政业企业贷款规模上升了 1.1%。除了上述两个行业的企业贷款之外，农业银行对电力、热力、燃气及水生产和供应业企业贷款规模高达 13.1%，相较于交通银行和农业银行，其客户表现出更加明显的行业特征。

表 3－6　　农业银行按行业划分的公司类贷款分布情况

	2018 年 12 月 31 日		2017 年 12 月 31 日	
	金额（百万元）	占比（%）	金额（百万元）	占比（%）
制造业	1,241,537	20.2	1,225,322	22.8
电力、热力、燃气及水生产和供应业	801,355	13.1	660,361	12.3
房地产业	513,512	8.4	449,687	8.4
交通运输、仓储和邮政业	1,223,618	19.9	1,006,903	18.8
批发和零售业	356,353	5.8	404,172	7.5
水利、环境和公共设施管理业	367,775	6	236,880	4.4
建筑业	223,058	3.6	181,634	3.4
采矿业	224,098	3.6	230,098	4.3

续表

	2018 年 12 月 31 日		2017 年 12 月 31 日	
	金额（百万元）	占比（%）	金额（百万元）	占比（%）
租赁和商务服务业	797,744	13	552,447	10.3
金融业	137,590	2.2	179,338	3.3
信息传输、软件和信息技术服务业	45,054	0.7	23,804	0.4
其他行业	215,890	3.5	217,604	4.1
总计	6,147,584	100	5,368,250	100

数据来源：中国农业银行 2017 年及 2018 年年度报告。

3.2 客户信息披露制度与数据特征

3.2.1 客户信息披露制度及规范

美国财务会计准则委员会于 1976 年发布的第 14 号准则中首次提出了上市公司应该披露其主要客户及相关信息要求。该准则规定，企业应当在公开报告中披露对某一个客户的销售收入占总销售收入的 10% 及以上的事项①，内容包括对其的销售金额以及该客户企业的名称。

我国证监会在公开发行证券的公司信息披露内容与格式准则中将主要客户界定为“销售占比前 5 名的客户”，由于我国客户销售占比一般未能达到如此高的比例，并未对销售占比作出明确要求。比较而言，我国对于主要客户的界定比较客观，没有门槛限制，而

① 美国财务会计准则委员会首次在“企业分部财务报告”中要求上市公司在其公开报告中披露主要客户信息，判定标准为对某一个客户的营业收入占合并营业收入的 10% 或以上。

美国更强调是否超过10%，更多地揭示了公司潜在的经营风险。《公开发行证券的公司信息披露内容与格式准则》① 包括现行准则39项中的14项准则涉及上市公司客户信息的披露，表明资本市场对客户信息具有需求，对信息使用者有决策参考意义，涉及的披露制度包括《公开发行证券的公司信息披露内容与格式准则》第1号招股说明书、第2号年度报告的内容与格式、第21号证券公司公开发行债券募集说明书、第23号公开发行公司债券募集说明、第26号上市公司重大资产重组、第27号——发行保荐书和发行保荐工作报告、第28号创业板公司招股说明书、第30号创业板上市公司年度报告的内容与格式、第31号创业板上市公司半年度报告的内容与格式、第35号创业板上市公司公开发行证券募集说明书、第38号公司债券年度报告的内容与格式、第39号公司债券半年度报告的内容与格式、第41号科创板公司招股说明书以及第43号科创板上市公司向不特定对象发行证券募集说明书。

涉及客户信息披露的要求，主要分为以下8种方式：

（1）文件规定上市公司关于客户信息的披露方式为“以汇总方式披露报告期内向前5名客户合计的销售额占当期销售总额的百分比”；

（2）另外对于上市公司“鼓励公司分别披露前5名客户名称和销售额”，相较于前一种要求，对于客户的具体信息证监会采取以鼓励披露的方式提出，可能考虑到客户信息对于上市公司而言是关键信息；

（3）要求上市公司披露“向单个客户的销售比例超过总额的50%或严重依赖少数客户的，应披露其名称及销售比例”，这一门槛要求在创业板公司年度报告与格式要求中修订为“30%”，还额

① 来源：中国证券监督管理委员会，证券期货法规数据库系统——法律法规公开发行证券的公司信息披露内容与格式。

外要求“说明该客户销售金额及所占比例，报告期内公司与其之间的销售金额和比例相比以前年度是否发生较大变化”，科创板上市公司的要求中仍设置为50%，由此可见，对于更高风险的创业板上市公司，对少数客户依赖的风险更需要被警惕；

(4) 要求上市公司在“可能面对的风险”项目中遵循相关性原则和重要性原则披露“单一客户依赖风险”，可以看出市场普遍认定对于少数客户的依赖属于风险因素之一；

(5) 要求上市公司在资信状况中披露“近3年与主要客户发生业务往来时，是否有严重违约现象”，表明客户可以作为上市公司信用状况的证明；

(6) 文件中还将主要客户列为影响企业持续盈利能力、公司经营情况和偿债能力的因素，要求上市公司对其变动和需要额外说明的情况进行披露；

(7) 在创业板上市公司的信息披露要求中还明确要求披露“最近3年期末应收账款中主要客户的应收账款金额、占比及变化情况，新增主要客户的应收账款金额及占比情况”，这对于创业板的客户信息提出来更高要求，即除了披露主要客户的销售额占比，还关注了公司与主要客户的商业信用变动情况；

(8) 一部分制度文件中还要求上市公司在财务状况和经营成果中包括“报告期内前5名供应商或客户发生变化的，公司应说明变化的具体情况并分析对公司未来经营的影响”，通过该制度规定同样可以看出客户是影响公司未来经营的重要因素之一。

例如，《公开发行证券的公司信息披露内容与格式准则第1号——招股说明书》第四十四条第四项中规定，“报告期内向前5名客户合计的销售额占当期销售总额的百分比，如向单个客户的销售比例超过总额的50%或严重依赖于少数客户的，应披露其名称及销售比例，如该客户为发行人的关联方，则应披露产品最终实现销售的情况。受同一实际控制人控制的销售客户，应合并计算销售额。"

又如，在《公开发行证券的公司信息披露内容与格式准则第2号——年度报告的内容与格式》第四节经营情况讨论与分析中，第二十七条主要经营业务中规定，"公司应当披露主要销售客户和主要供应商的情况，以汇总方式披露公司向前5名客户销售额占年度销售总额的比例，向前5名供应商采购额占年度采购总额的比例，以及前5名客户销售额中关联方销售额占年度销售总额的比例和前5名供应商采购额中关联方采购额占年度采购总额的比例。鼓励公司分别披露前5名客户名称和销售额，前5名供应商名称和采购额，以及其是否与上市公司存在关联关系。属于同一控制人控制的客户或供应商视为同一客户或供应商合并列示，受同一国有资产管理机构实际控制的除外。"第二十八条第四项"可能面对的风险"中规定，应当遵循相关性原则和重要性原则披露"单一客户依赖风险"。与招股说明书相比，年度报告中没有设定销售占比超过50%的门槛，而是直接鼓励上市公司分别披露主要客户的详细名称和销售金额，说明年度报告的信息含量更高。

总体而言，客户信息被纳入了我国上市公司信息披露内容与格式准则中，充分体现了资本市场上对上市公司的客户信息存在需求，包括主要客户销售占比情况、对客户的依赖程度以及与客户的商业信用情况，同样也表明对客户的过高依赖对企业的经营活动、盈利能力、偿债能力等均可能带来风险。对于公开发行证券的公司要求披露前5名客户销售金额在公司报告期销售总额的占比，鼓励详细披露主要客户的名称及销售金额。而针对不同的证券市场板块和不同的融资方式，客户信息披露的要求存在一定差异。例如，在主板、中小板和科创板中，将公司对单个客户的销售占比超过50%等同于严重依赖性客户，但在创业板中这一比例限制在30%的同时，额外要求披露与之前年度相比对主要客户销售的变动情况，主要客户的应收账款金额、占比及变化情况以及新增客户情况。创业板上市公司对客户的信息披露要求是所有制度规定中最详细、要求最严格的。

3.2.2 客户信息数据特征

以2007—2017年度上市公司为研究对象，本部分根据已披露客户信息的企业数量、披露企业所在行业以及披露的具体信息，即企业对主要客户的销售金额，分析我国企业披露主要客户信息的整体情况。2007年起，证监会在《公开发行证券的公司信息披露内容与格式准则第2号——年度报告的内容与格式》中规定了企业应汇总向前5名客户销售金额占年度销售总额的比例，因此2007年后样本更具有代表性。原始数据中包含3,574家A股上市公司的18,604个公司年度样本，剔除金融及保险行业以及*ST、SS和S*的公司后，得到17,088个样本，其中包含已披露客户信息的14,321个样本，和没有披露前5名客户的2,767个样本[①]。在2007—2017年度的样本期间内，披露客户信息的企业样本分布如表3－7所示。

表3－7　应规披露客户信息的年度样本数量分布

年度	应规披露客户信息的公司数量	未应规披露客户信息的公司数量	公司总数	应规披露比例（%）
2007	1,183	151	1,334	88.68
2008	1,227	201	1,428	85.92
2009	1,231	346	1,577	78.06

① 上市公司在年度报告财务报表附注中披露“主要销售客户和主要供应商情况”，其中包括“前5名客户合计销售金额”及“前5名客户合计销售金额占年度销售总额比例”，部分公司会披露前5名客户资料，其中包括每一个大客户的名称、销售额及年度销售金额占比。但客户名称有具体客户公司全称，也有以“客户一”“客户二”“客户甲”“客户乙”等无法明确具体客户的披露方式。

续表

年度	应规披露客户信息的公司数量	未应规披露客户信息的公司数量	公司总数	应规披露比例（%）
2010	1,520	398	1,918	79.25
2011	1,795	367	2,162	83.02
2012	1,982	324	2,306	85.95
2013	2,196	225	2,421	90.71
2014	2,359	200	2,559	92.18
2015	2,157	585	2,742	78.67
2016	2,912	101	3,013	96.65
2017	3,349	132	3,481	96.21
合计	21,911	30,30	24,941	87.85

图3－1呈现了披露客户信息的上市公司在样本期间内逐年增加，2007—2017年披露的公司数量涨幅近2.8倍，由1,183个增加到3,349个。整体而言，在我国上市公司中，约有近90%按照证监会有关信息披露的要求公开了主要客户的销售占比情况。这一方面说明客户信息具有市场需求；另一方面说明企业客户信息披露的动机在逐步提升，为后续的信息披露的经济后果研究打下了基础。

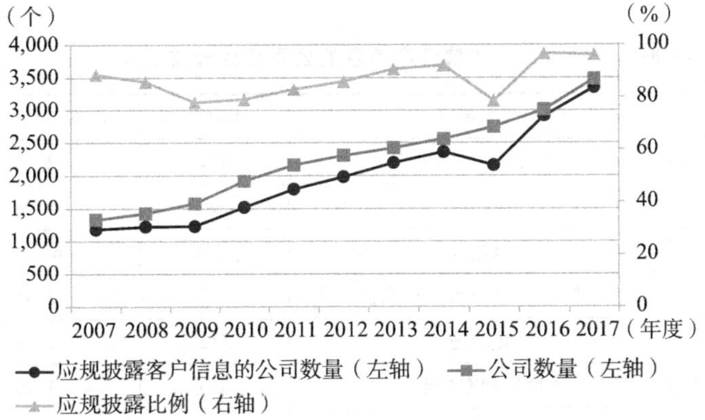

图3－1　已披露客户信息的公司分布趋势

1. 披露企业的行业特征

从表3－8可以看出，样本按照国民经济行业代码划分至18个行业门类中，制造业样本占绝对多数，其中15,117个公司年度样本来自制造业，占比约为70%。其根本原因是制造业的客户相对密集且关联持续时间更久，供应链上互利关系更紧密，更容易缔结成为战略联盟以发挥供应链上资源整合和规模效应的优势，而且更多的供应商企业为稳定客户进行大量的专有性投资，使供应链关系更加牢固，因此可以观测到制造业更多地依赖主要客户，同时在披露客户信息时更加主动，这表明制造业的信息使用者对客户信息的需求更多，因为制造业的供应链是评估企业的重要参考指标。从表中还能看出，披露客户信息位居第二位的行业是信息传输、软件和信息技术服务业，占比约为6.31%，主要原因是近年来，信息服务业企业数量增长势头迅猛，行业规模不断扩大，对第三产业的支撑作用显著增强，使得该新兴业态高速成长。样本中的其他行业分布也符合我国主要产业结构、经济发展战略部署和新常态时期的发展规划，与本书研究预期一致。为了排除不同行业导致的信息披露情况水平差异使研究结论不稳健，在后续各回归模型中控制了行业固定效应。

表3－8　　　　披露客户信息的公司行业分布情况

行业代码	行业名称	样本观测值	样本占比（%）
A	农、林、牧、渔业	459	2.10
B	采矿业	390	1.78
C	制造业	15,117	69.37
D	电力、热力、燃气及水生产和供应业	557	2.54
E	建筑业	512	2.33
F	批发和零售业	855	3.90
G	交通运输、仓储和邮政业	517	2.36

续表

行业代码	行业名称	样本观测值	样本占比（%）
H	住宿和餐饮业	77	0.35
I	信息传输、软件和信息技术服务业	1,383	6.31
K	房地产业	684	3.12
L	租赁和商务服务业	195	0.89
M	科学研究和技术服务业	147	0.67
N	水利、环境和公共设施管理业	105	0.48
O	居民服务、修理和其他服务业	112	0.51
P	教育	4	0.02
Q	卫生和社会工作	7	0.03
R	文化、体育和娱乐业	147	0.67
S	综合	563	2.57
合计		21,911	100.00

2. 企业披露客户信息的形式

企业的主要客户信息在公开披露的报告中存在的主要形式是企业向客户年度销售额及其占企业全年销售额比例前 5 名的客户的信息，分列前 5 名客户的销售占比合计数和位列第一的大客户的销售占比。对特定客户的销售额表现了企业与客户之间的关联程度，而销售占比作为相对指标可以直观地反映出企业对特定客户的依赖程度，因为如果企业的销售收入中有相当的比例都来自于一个或几个特定客户，则可以说明企业与客户的利益关联较强，与客户的紧密程度较高。但企业与客户的关系是否为良性合作关系则需要根据企业其他经营指标以及客户相关信息进行推断。根据上市公司信息披露相关制度规定，可以看出前 5 名客户的销售占比信息属于应规披露，因为证监会用“应当”界定该类信息的披露要求；而对于更加详细的客户信息如具体销售金额、客户名称以及对单一客户的销售比例，证监会采用“鼓励”方式进行要求，这说明出于对企业的竞争保护及其他考虑，企业可以有选择地披露详细信息。因此，此类非强制披露的信息究竟会对企业的信息环境及其经济后果造成何种影响是本书希望探讨的。

从已获取的企业公开披露信息中可以看到，2007—2017 年的样本期间内，较多企业应规进行客户信息披露，但也有少量企业未能进行披露，同时从强制要求与鼓励披露的信息来看，超过三成企业不愿披露客户详细信息。具体数据如表 3－9 所示，表中包括样本期间内已披露两种信息的企业数量以及衡量客户关系的销售占比均值和中位数。

表 3－9　　不同形式的客户销售占比披露情况

年度	前 5 名客户销售额占比合计数			第一大客户销售额占比			披露具体信息占比（%）
	样本量（个）	均值（%）	中位数（%）	样本量（个）	均值（%）	中位数（%）	
2007	1,183	30.28	23.27	63	15.87	9.89	5.34
2008	1,227	29.37	23.31	208	14.52	9.79	16.95
2009	1,231	29.54	22.79	658	13.67	8.75	53.44
2010	1,520	29.72	24.37	1,081	13.21	8.82	71.12
2011	1,795	30.21	22.87	1,181	13.76	8.39	65.79
2012	1,982	30.65	24.42	1,502	13.82	8.46	75.8
2013	2,196	30.73	24.39	1,483	13.98	8.71	67.54
2014	2,359	30.95	25.02	1,705	14.97	8.83	72.27
2015	2,157	30.58	24.76	1,692	13.74	9.03	78.46
2016	2,912	31.48	25.71	2,240	14.25	9.08	76.91
2017	3,349	31.89	25.84	2,547	14.46	9.34	76.05
合计数	21,911	—	—	14,360	—	—	—
平均值	—	30.49	24.25	—	13.93	8.84	59.97

总样本中有21,911个公司年度样本应规披露了前5名客户销售额占比的合计数，对比只有14,360个样本包含第一大客户销售占比信息[①]，表明从披露动机而言企业对于主要客户，特别是第一大客户的披露意愿不强，可能有以下两个原因：一是依赖客户的企业所处行业本身产品市场竞争程度较大；二是供应链信息本身具有溢出效应，导致客户的经营状况和风险会使外部信息使用者关联到企业自身上。样本均值反映出的企业对前5名客户的依赖程度较为接近，如表3-9中第二列所示前5名客户销售额占比合计数的各年均值及样本期间中位数均在30%左右，整体样本前5名销售合计占公司销售总金额的30.49%。从各年度样本看，该指标中位数与均值偏离程度较高，表现出来的上市公司对主要客户的依赖程度不尽相似，例如有的企业对个别企业依赖程度较高，对其他销售占排名靠前的客户实际依赖程度不高，又或者企业对于几个主要客户的依赖程度比较均衡，导致了前5名销售占比对不同企业实际存在差异。这也与我国的信息披露要求有关，我国要求披露的是销售占比排名前5的客户销售额及其占比合计信息，与美国要求披露销售占比在10%以上的客户不同，因此呈现出样本中位数与均值偏差较大的情况。从第一大客户销售占比数据中可以看出，各年度均值为13.93%，中位数在8%至9%之间较多，同样表现出了不同企业对于主要客户的依赖程度存在差异，可能是由于企业所处行业不同导致的，也可能与企业供应链战略部署以及客户管理方式有关。从表中第七列披露第一大客户销售占比与已披露前5名客户销售占比的比例可以看出，在披露要求出台的初期，自愿披露的企业仅占5.34%，可以看出最初企业对于客户信息是比较保护的，披露意愿

① 上市公司年报中，除了按照证监会信息披露要求报告向前5名客户汇总销售额占当年销售收入的比例外，前5名客户具体名称、第一大客户名称及销售占比的披露在本书中均定义为自愿性信息披露。

不强。随着应规披露程度的提高，自愿披露第一大客户信息的比例也逐渐从5%的比例提高到了70%以上，这说明随着披露要求的提高，企业客户信息的市场需求也逐渐提高，同时也与信息披露本身带来的正向经济后果，进一步鼓励企业公开信息相关。

第 4 章

客户信息披露与企业抵押借款

4.1　问题引出

基于我国企业规模扩张以及优化资源配置等战略要求，企业的经营、发展和转型等重要决策都与其获取资金的能力息息相关。而银行作为企业主要的外部融资来源，无论是从准入门槛还是运行机制来看都是企业首选的融资方式，因此我国企业更多地依赖银行获取融资（姚立杰等，2010）。根据人民银行数据，2017 年全年所有社会融资中，人民币贷款融资占比高达 68.4%，增速为 13.4%[①]。在经济增速放缓时期，银行等金融机构会采取紧缩银根、减少贷款量、提高贷款条件等方式，以保证自身业绩增长，同时确保信贷质量，降低信贷风险。抵押贷款作为重要的贷款方式之一，是通过抵押物的设置保障债权人利益，监督债务人履行偿债义务的法律机制。抵押理论的主流观点有两种：一是缓解事前由于私有信息的存在导致的信息不对称；二是为了防范事后道德风险的出现。

尽管当前资本市场推崇贷款方式创新以缓解企业，特别是非国有企业的融资约束，同时银行方面也在逐步放宽对担保抵押的过度

① 数据来源：中国人民银行，调查统计司，统计数据——2017 年数据 —社会融资规模。

依赖，但在实践中发现，银行对企业提供贷款依然以抵押担保的形式居多，银行不愿也无法承担借款者的信贷违约风险，以至于银行对于民企几乎不再使用非担保形式发放贷款。Aghion 等（1992）和 Hart（1994）等研究指出，借贷双方信息不对称、契约不完备性等问题在资本市场上几乎无法避免，借款者的融资能力在很大程度上取决于其能否提供可靠的抵押品或者提供抵押品的价值，因为此类研究认为抵押品在一定程度上是作为甄别借款人风险的有效工具。由此可以看出，借款者提供抵押品的能力在缓解企业融资约束方面有不可小觑的影响。

证监会发布的《公开发行证券的公司信息披露内容与格式准则第 2 号——年度报告的内容与格式》在经过几次修订后，从监管者角度对部分非财务信息的披露要求进行了补充和强化。供应链上的相关企业作为核心企业重要的外部非财务利益相关者之一，其信息披露要求也一再被细化。随着监管要求的提高，对于客户这一对企业经营发展有重要影响的外部利益相关者的信息披露研究具有越来越大的实践意义，对其产生的外部效应研究也具有更加重要的理论意义。

在研究企业客户信息披露动机及经济后果中，债权人是关键利益相关者，如果企业披露的非财务信息导致债权人对企业进行风险评估产生影响，进而影响企业融资能力，那么企业在披露主动性和信息含量方面会有实质性的提高。根据现行制度要求，上市公司被要求在其年度报告中披露前 5 名客户销售占比的合计数，对其具体名称和销售金额及占比并未作出强制披露要求，目前企业可自愿选择进行客户具体名称及销售情况的披露，此类信息披露与否对企业是否存在增量效应是值得探讨的问题。本书认为，从企业的客户信息披露角度研究企业信息披露方式以及信息含量对债权人的作用，对信息披露政策的制定和缓解企业融资约束也具有一定的实践借鉴意义。本章拟从信息披露方面研究客户这一特定信息对企业银行抵押借款的影响，并进一步从企业的产权性质和关系专有性投资等角度分别分析客户信息披露影响银行抵押借款的因素。从银行角度入手，借款企业的信贷违约风险会受到其经营风险和财务风险的共同影响，而一旦从信用评估角度认定企业的违约风险高，银行就会对其要求更高的收益，具体表现为提高该借款者的信贷成本。然而，由于信贷市场上信息不对称的存在，银行并不总是能很好地识别债务人的特征，信息不对称往往导致了资源错配（Jaffe 和 Russell，1976；白俊和连立帅，2012）。这时，银行更多地需要依靠外部履约机制来建立对债务人的信任。

客户信息披露对债务契约具有重要影响的一个原因是客户信息对信贷风险评估具有重要价值。有研究表明，企业的供应链合作者能够发挥对企业的监督作用进而降低企业的融资成本，特别是当客户与企业建立了长期稳定合作关系，其更有动机对企业的经营状况进行了解和监督，目的是在筛选可靠的合作伙伴，而这种监督使银行可以花费更低的成本对企业进行贷后管理，有利于降低企业的债务融资成本（Cen 等，2015）。更有研究发现，除了企业的经营业绩及披露客户信息情况外，客户企业的经营业绩还会对企业的债务融资产生供应链溢出效应（Kim 等，2015）。我国学者王迪等(2016)、江伟等（2017）直接从供应链关系角度研究，发现企业与客户及供应商的关系能提高企业的借款能力。Berger 等（2011）指出，使用信用评分以降低信息不对称程度的银行对很大一部分小企业贷款降低了抵押要求，这说明从银行角度来看，信息不对称程度的降低会降低对借款人担保抵押的要求。客户信息作为企业披露的重要非财务信息，其对缓解信息不对称程度的贡献是值得讨论的问题。

相对于信用借款，抵押贷款是研究客户价值的更好场景，因为银行在作出信贷决策时要求企业提供抵押，这说明借款人综合评估的信用质量不足以支撑银行为其发放信用借款的信心，而通过抵押又可以适度控制风险，银行对客户的深入了解有助于更好地评估供应商信贷风险。因此，本章研究客户信息披露是否能降低信息不对称程度，进而对银行评估借款人信贷风险提供依据。

4.2 理论分析与假设提出

社会关系网络是经济交流与社会关系的结合。当前复杂的关系网络使互联市场中企业难以仅依靠自身力量立足于信息浪潮中，此时企业再难以仅凭自身投入实现规模和业务范畴的延伸，而是需要依赖各利益相关者的参与，甚至是通过借助利益相关者的投入从而实现资源整合。企业正面临越来越复杂的关系网络，并承受着来自竞争者、供应商、客户以及职工等社会各方的沟通压力，管理好这些社会资本有助于企业获取竞争优势、增强诚信、促进合作与提高效率，关系战略也成为了企业在做强做优做大发展战略蓝图中的重要节点。利益相关者理论认为，企业在致力于实现和扩大自身利益的同时，还需要与那些对企业进行了专用性投资并承担了相应风险的股东、债权人、供应商与客户等利益相关者协调关系并提供对方进行决策所需信息。价值链管理理论认为，优化价值链上的资源配置可增加企业价值与竞争力（Porter，1985）；组织间控制理论认为，企业可以超越自身边界获取竞争优势，实现资源共享和优势互补（Coletti 等，2005）。这些理论从不同角度论述了管理关系网络对企业价值的作用。至此，企业的利益追求从最初的股东利益最大化，拓展至以企业为核心的利益相关者的整体利益，同时企业的管理者也应将平衡各方利益作为管理决策部署的考虑因素。

总体而言，企业的利益相关者范围较广，包括企业的投资人、债权人、供应链上下游的商业伙伴，同时政府部门、社区、环境、媒体等也会受到企业经营活动直接或间接影响，这表明企业所处的互联网络使得企业自身的活动会对企业外部的客体产生经济影响。同时，不同的利益相关者对企业的诉求也存在诸多差异，企业的管理者和员工为企业生产经营献策献力，投资人和债权人等在为企业提供资金来源的同时，也监督企业的各项活动，而供应链为企业的生存和发展提供必要的往来合作，但同时也与企业的收益与风险休戚相关。因此，企业的各项经营决策都要将各利益相关者的诉求纳入考虑范围内（Blair，1995）。只有当投资者、债权人、供应链上下游等利益相关者的诉求同时被满足时，企业的各项经营目标才能更好地达成。

社会网络理论表明，单个企业是整个社会复杂关系网络的一个节点，其不能被简单地看作从单一企业出发产生的各种关系的组合。由此也说明，企业之间的经济联系不仅是双边关系，还是应当从对整个关系网络的影响出发。企业间的经济联系紧密程度也会与其相互间关系建立的年限、稳定程度以及交易规模和占比有关。更紧密的企业间关系能够包含更多的信息含量，对信息使用者传递出更多、有效，但隐秘的信息。例如，本书研究的客户集中度就是反映企业对其供应链下游客户之间的依赖程度的衡量，高客户集中度能够表明企业从主要客户获得的销售收入占其销售总额的比例，刻画企业与客户的关系形态，这种关系有助于企业自身的经营决策、战略规划，同时也有助于外部信息使用者了解企业在供应链中所处的地位。

资源依赖理论认为，企业生存与发展会借助于其外部资源的互动，也会导致企业对外部单位的依赖。为了保障企业的利益，该理论指出，企业必须加强组织间关系管理，为了保持一定的相对议价能力，防范企业处于被动地位，尽可能降低其对外部环境如其他组织的依赖度。同时，企业可以战略性地提高自身竞争力，增加其他组织对本企业的依赖性，这是提高企业在组织间经济关系中议价能力的途径之一。

Boyd（1990）基于资源依赖理论，通过实证分析的方式得出，在同一条供应链上，合作者之间的资源依赖程度存在差异，由此导致双方合作地位的不平等，而合作地位的不对称会进而影响供应链合作者之间的剩余价值分配。已有研究表明，债权人对供应链上企业会计信息的要求是存在的。客户作为企业供应链上重要的合作伙伴，企业的经营活动、盈利能力和资本结构都或多或少受到其影响。良好的供应链关系能够提升整个产业的价值链，因此是企业的重要无形资产（Nagar 和 Rajan，2005）。关系网络及供应链资源整合的发展壮大，使产业价值链的提升受到越来越多的关注。Iktzkowitz（2013）认为，客户供应商关系作为一种隐性的未来承诺，反映了企业未来的盈利能力，能够提高企业的信用评分以及以更加宽松的条件获得银行贷款的能力。Tsung 等（2010）研究发现，企业债券利率与供应商的信息不对称程度显著正相关，而与客户的信息不对称程度无显著关系；企业债券利息与其供应商或客户所在行业的集中度显著正相关，与其供应商研发支出显著负相关。Li 和 Yang（2011）认为，与客户关系密切且稳定的企业能获得较优厚的银行贷款。Gong 和 Luo（2014）研究发现，当银行与企业及其客户同时建立借贷关系时，银行可以通过从客户那里获得供应链私有信息来更准确地对借款企业进行评估，降低对借款企业的会计稳健性的要求，当借款企业本身的信息环境不够优质时这种替代效应会更加显著。这也说明企业的供应链上信息可以为企业自身信息提供补充，特别是当企业的客户关系稳定，或由于应收账款导致的企业对客户依赖性强、转换成本较高时，银行也会以供应链信息作为企业自身会计稳健性的替代。Houston 等（2015）研究发现，客户发布破产公告后，企业贷款成本增加。

债权人能够从客户信息披露状况中获取信号，原因在于客户信息的披露反映了企业的信息环境，同时披露出来的企业与客户的关系状况有利于债权人更精确地评价企业的风险水平。抵押理论的主流观点有两种：一是事前由于私有信息的存在导致的信息不对称，由此逆向选择的发生会使借款人通过提供抵押品向贷款人传递低风险的信号；二是为了防范事后道德风险的出现，这种观点认为可观测的高风险借款人更有可能被要求提供贷款担保，同时违约率也可能更高。Berger 等（2011）研究发现，两种理论并非是冲突的，当出借方对借款者不熟悉时事前私有信息理论也有效，但事后激励理论更占主导地位。

银行在审批贷款时，会根据贷款企业所面临的风险对其作出信用评级，根据信用评情况制定贷款契约的具体条款。抵押通常与较高贷款风险相关（Berger 和 Udell，1990），相对于无抵押借款，抵押借款具有更高利率（Harjoto 等，2006）。Berger 等（2011）研究发现，小企业信用评分可以降低信息不对称以及信息成本，提高小企业信贷市场的有效性，也使银行降低了对大部分小企业贷款的抵押要求；同时也有研究表明，会计信息质量能够有效降低公司的股权和债务融资成本。Chen 等（2016）研究发现，非标审计意见会使企业随后签订的贷款合约条件更苛刻，如更高的利率、更多的一般性限制条款、更高的担保要求和更少的贷款金额。

银行之所以在企业的贷款契约中将供应链信息，特别是下游的客户信息作为评估风险的依据，进而对企业获得银行借款的能力和成本产生影响，是由于银行可以从企业的信息披露行为以及披露的具体信息中捕获 3 种信号。

第一，可获取企业的客户信息披露行为产生的企业信息环境信号。这类信息无关客户企业自身的特征，只产生于企业披露有关客户信息的意愿和披露方式，从企业年度报告中可以观测到两个方面的信息：一方面是企业是否按照《公开发行证券的公司信息披露内容与格式准则第 2 号——年度报告的内容与格式》的要求披露其向主要客户销售收入的占比合计信息；另一方面是在此基础之上，企业是否进一步披露这些主要客户的具体名称和销售金额等明细信息。信贷代理理论表明，借贷双方的信息不对称会导致交易成本的上升，而借款人可以通过改善信息透明度，或提供有关行业政策及所处供应链整合情况以证明企业经营业绩预期的相关信息，向银行显示企业较好的经营业绩和较低的信用风险。同时，客户信息能加强银行对企业所处行业及整个供应链的情况的掌握，有助于供应链金融的发展。

第二，可获得从企业披露向客户的销售额情况中刻画出的企业与客户关系。例如，对客户的销售占比信息能传递企业对客户的依赖情况，结合企业的自由现金流、经营业绩以及商业信用等信息，有助于银行辨别企业在与主要客户的关系中所处的状态，即是互利共赢还是被压榨攫取，由此作为评估企业信贷风险的重要因素。同时，当客户为上市公司时，能够获取客户企业的诸多信息，更有助于银行对企业未来经营业绩进行合理预期。

第三，可以从企业的客户角度进一步获取信息。当客户企业现在是或曾经是贷款银行的客户，那么银行可以同时从客户方获取企业相关情况，包括供应链中其他有关战略规划等重要信息，帮助银行更加准确地对企业经营业绩及未来发展预期作出判断，有效降低交易成本。以上信息都是通过企业自身的信息披露行为以及披露信息含量等方式降低信贷双方的信息不对称程度，进而影响银行对企业的信贷风险评估。

相关信息的披露是降低企业与债权人之间的信息不对称程度的有效途径，有利于债权人更准确地评估借款企业资质和风险。一方面，客户作为企业主要的供应链合作伙伴，其在筛选供应商企业时对企业的各项经营活动具有监督效应，可抑制管理者自利行为，提高企业经营效率，有助于缓解企业自身的信息不对称和代理问题（Li 和 Yang，2011）。另一方面，企业与客户的合作关系对企业未来经营活动会产生直接影响，良性关系能正向推动企业发展，提高盈利能力和现金流动，提高库存周转效率从而降低企业的信贷违约风险；而倘若企业受制于客户的议价能力，为了保有客户而采取低价策略，反而会被压榨利润，增加其信贷违约风险。从信息环境角度来看，为了维护供应链关系，特别是客户关系，企业可能操纵信息披露程度，比如隐藏负面消息以避免失去重要的大客户（Gosman 和 Kohlbeck，2009），或者侧重于正面消息以吸引新客户。在与客户的关系博弈中，如果客户规模更大，则其有更强的议价能力，其迫使企业压低价格、延长款项支付期等的能力更强。客户对企业的经营及风险预测有重要作用，因此企业的外部信息使用者很有可能通过与客户相关的信息加强对企业的了解与评估，缓解信息不对称程度。因此，本书推论客户所具有的信号传递功能使客户信息披露能降低银行对企业的风险评估等级。Hulburt 和 Scherr（2003）研究小企业债务担保贷款时，发现企业规模越大越有可能被要求提供担保，但企业年限会降低担保要求，同时抵押品流动性也是企业贷款担保要求的影响因素之一。

当企业的银行借款中抵押借款的比例较高时，说明企业更依赖于通过抵押的方式获得银行贷款。理论上，可以用企业是否在财务报表附注中披露主要的客户信息，以及披露客户信息的详细程度作为客户信息披露质量的指标。在银行贷款方面，本章主要考察了抵押借款规模和抵押借款占银行借款总额的比例。

根据以上分析，本章提出以下假设：

H1：企业的客户信息披露程度越高，对抵押借款的依赖程度越低。

4.3　研究设计

4.3.1　样本选取及数据来源

由于自 2007 年起证监会要求上市公司披露前 5 名客户销售合

计数及占当年销售收入的比例，同时公司自愿披露前5名客户的具体名称和销售额的样本逐渐增多，本书选取的研究样本为2007—2017年在沪深证券交易所上市的A股公司。客户信息披露数据及公司银行抵押借款数据从CSMAR和RESSET数据库中获取，公司其他财务数据从CSMAR数据库获得。

本书对数据进行如下处理：（1）剔除金融类企业；（2）剔除控制变量不完整的样本；（3）剔除资产负债率大于1的样本。通过以上数据处理，本书最终得到14,321个有效样本观测值，并对所有连续变量进行上下1%的Winsorize缩尾处理。

4.3.2 模型设计与变量说明

为了验证假设H1，本书先设置模型（1）以验证客户信息披露对银行抵押借款的影响。预期客户集中度越高，企业更加依赖抵押借款的方式获得银行资金。

$$\begin{aligned} Collateral_{ikt} = {} & \alpha_0 + \alpha_1 Disclosure_{i,t} + \alpha_2 LD_{i,t-1} + \alpha_3 DM_{i,t-1} \\ & + \alpha_4 SOE_{i,t-1} + \alpha_5 Indpe_{i,t-1} + \alpha_6 Growth_{i,t-1} \\ & + \alpha_7 ROA_{i,t-1} + \alpha_8 Topshare_{i,t-1} \\ & + \alpha_9 Tobinq_{i,t-1} + \alpha_{10} Size_{i,t-1} \\ & + \sum Year + \sum Ind + \varepsilon \end{aligned} \tag{1}$$

其中，被解释变量$Collateral_{ikt}$为借款者i的在年度t抵押借款k的以下特征：抵押借款金额（经资产总额标准化）、抵押借款占当年银行借款总额的比例。解释变量Disclosure为客户信息披露指标，包括是否披露前5名客户的销售额占比信息Disc1、是否披露前5名客户的具体名称或销售金额Disc2。Control为影响银行借款的常见变量（见表4-1）。参照前人研究的做法，对模型中除了行业、年度以外的自变量和控制变量进行滞后一期处理。

表4-1　变量定义

变量		变量定义
被解释变量	ColLoan	企业当年抵押借款总额的自然对数
	ColLoan_pc	企业抵押借款比例=抵押借款总额/银行借款总额
解释变量	Disc1	是否披露前5名客户信息。哑变量，若公司披露了前5名客户时取1，否则取0
	Disc2	是否披露前5名客户的具体名称或销售金额。哑变量，若公司披露了前5名客户中具体名称或销售金额时取1，否则取0
控制变量	LD	长期负债比例=长期借款/资产总额
	DM	债务期限结构=长期借款/银行借款总额
	SOE	哑变量，如果公司为国有企业取值为1，否则取0
	Indep	独立董事人数/董事会总人数
	Growth	（当年主营业务收入-前一年主营业务收入）/前一年主营业务收入
	ROA	公司当年净利润/当年年末资产总额
	Topshare	公司当年年末第一大股东持股比例
	Tobinq	公司当年TobinQ值为市值/资产总额
	Size	公司当年总资产的自然对数
	Dual	哑变量，董事长与总经理兼任时取值为1，否则取0

4.4　实证检验

4.4.1　描述性统计

为了对各变量的数理特征进行分析，首先对所有变量进行描述性统计（见表4-2）。

表 4-2　　主要变量的描述性统计

变量	样本量	均值	标准差	最小值	中位数	最大值
ColLoan	14,321	18.75	1.702	11.66	18.78	24.22
ColLoan_pc	14,321	0.357	0.284	0.057	0.241	1
Disc1	14,321	0.860	0.347	0	1	1
Disc2	14,321	0.312	0.463	0	0	1
LD	14,321	0.089	0.102	0	0.054	0.845
DM	14,321	0.296	0.272	0	0.233	1
SOE	14,321	0.478	0.500	0	0	1
Topshare	14,321	34.70	15.63	2.197	32.37	89.41
Tobinq	14,321	1.564	1.566	0.142	1.158	55.17
MB	14,321	1.206	1.095	0.018	0.864	12.05
ROA	14,321	0.019	0.456	-0.579	0.028	0.87
Indep	14,321	0.369	0.055	0.143	0.333	0.800
Dual	14,321	0.179	0.384	0	0	1
Size	14,321	22.13	1.343	17.28	21.93	28.48

由表 4-2 结果分析可知：（1）抵押借款金额 ColLoan 的最大值和最小值分别为 24.22 和 11.66，均值为 18.75；抵押借款比例 ColLoan_pc 的最大值和最小值分别为 1 和 0.057，均值为 0.357，说明不同公司的获取抵押借款的差异较大。（2）样本中客户信息披露变量 Disc1 均值为 0.860，Disc2 均值为 0.312，说明样本中大多数企业都根据《公开发行证券的公司信息披露内容与格式准则》要求披露了客户信息，但仅有 31% 的企业披露了客户的具体名称，进一步披露具体名称的数量少说明大多数披露了客户信息的企业尚且不愿意透露具体客户名称。（3）样本公司中非国有企业样本略高于国有企业样本量，但样本量相对较为均匀。（4）公司规模 Size

最大值为28.48，最小值为17.28，均值为22.13，表明从总体来看，A股上市公司规模较大，但也存在两极分化。（5）Tobinq反映企业的发展能力，最大值为55.17，最小值为0.142，说明制造业企业的成长能力差异较大，成长性和发展能力较好的企业与发展能力停滞甚至负增长的企业均存在。企业盈利能力ROA指标最大值为0.87，最小值为－0.579，说明不同制造业企业盈利能力不同，样本中同时拥有较强盈利能力的企业与亏损企业。

表4－3是将主要变量按是否披露客户明细分组的描述性统计分析。结果显示：（1）披露客户明细样本组的抵押借款金额ColLoan与未披露客户明细样本组相比更高，但抵押借款比例ColLoan_pc比未披露客户明细样本组更低，即披露客户信息降低了企业对抵押借款的依赖程度，与推论一致。（2）从偿债额能力指标LD和DM的差异性来看，披露客户明细样本组的指标显著低于未披露客户明细样本组，这说明披露客户信息的企业债务风险相对较低。（3）除了第一大股东持股比例Topshare和董事会独立性Indep的差异性不显著外，未披露客户明细样本组的其他变量指标与披露客户明细样本组大多存在显著差异，这说明未披露客户明细样本组与披露客户明细样本特征存在较大差别。

表4－3　　按是否披露客户具体信息差异性检验

变量	披露客户具体信息			未披露客户具体信息			差异性检验	
	样本量	均值	中位数	样本量	均值	中位数	均值T值	中位数Z值
ColLoan	16,763	19.05	19.032	5,148	19.1	19.18	－0.057*	－0.042*
ColLoan_pc	16,763	0.336	0.282	5,148	0.391	0.377	0.062***	0.056***
LD	16,763	0.085	0.051	5,148	0.101	0.08	0.018***	0.176***
DM	16,763	0.293	0.223	5,148	0.331	0.319	0.053***	0.071***
SOE	16,763	0.465	0	5,148	0.519	1	0.055***	0.050***

续表

变量	披露客户具体信息			未披露客户具体信息			差异性检验	
	样本量	均值	中位数	样本量	均值	中位数	均值 T 值	中位数 Z 值
Topshare	16,763	34.79	0.325	5,148	0.343	0.317	-0.349	-0.922
Tobinq	16,763	1.642	1.157	5,148	1.806	1.158	0.165***	0.605***
MB	16,763	1.193	0.864	5,148	1.113	0.864	-0.086***	-0.042***
ROA	16,763	0.023	0.028	5,148	0.03	0.029	-0.024**	-0.425**
Indep	16,763	0.37	0.333	5,148	0.37	0.333	0	0.002
Dual	16,763	0.201	0	5,148	0.144	0	-0.057***	-0.232***
Size	16,763	22.27	21.94	5,148	22.18	21.92	-0.160***	-0.746*

表 4-4 列示了回归模型中变量的相关系数。从数据结果可知：(1) 客户信息披露程度两个指标均与抵押借款负相关，并且在 1% 的水平上显著，说明企业在年度报告中披露的企业信息越多，企业依赖抵押借款的程度越低，初步验证了假设 H1，但是应当进一步加入控制变量因素进行多元回归分析；(2) 所有变量间的显著关系与预期一致，而且回归系数不大，表明模型各变量间不存在严重的共线性。

4.4.2 基础回归

表 4-5 为假设 H1 企业的客户信息披露程度与企业抵押借款的回归分析结果。具体如下：模型 (1) 和 (2) 为利用企业是否披露客户信息的指标 Disc1 作为客户信息披露程度的替代变量与抵押借款金额进行回归，模型 (3) 和 (4) 以企业是否披露客户具体名称的指标 Disc2 作为客户信息披露程度的替代变量，模型中均控制了年度和行业固定效应。结果表明，披露客户信息越详细的企业抵押借款的金额越少。

表 4-4 主要变量的 pearson 相关系数

变量	ColLoan_pc	Disc1	Disc2	LD	DM	SOE	Topshare	Tobinq	MB	ROA	Indep	Dual	Size
ColLoan_pc	1.0000												
Disc1	-0.076***	1.0000											
Disc2	-0.063***	0.271***	1.0000										
LD	0.073***	-0.061***	0.799***	1.0000									
DM	0.196***	-0.068***	0.161***	0.139***	1.0000								
SOE	-0.215***	-0.038***	0.087***	0.108***	0.058***	1.0000							
Topshare	-0.117***	0.0080	-0.210***	-0.145***	-0.172***	-0.073***	1.0000						
Tobinq	0.189***	-0.113***	0.192***	0.178***	0.259***	0.128***	-0.517***	1.0000					
MB	-0.146***	0.034***	0.0000	0.019***	-0.0083	0.029***	-0.245***	-0.0060	1.0000				
ROA	-0.028***	0.018**	0.083***	0.056***	0.241***	-0.074***	-0.084***	0.063***	0.029***	1.0000			
Indep	-0.0070	-0.0020	-0.114***	-0.098***	-0.205***	-0.053***	0.110***	-0.107***	-0.0050	-0.139***	1.0000		
Dual	0.055***	0.051***	0.324***	0.330***	0.281***	0.273***	-0.458***	0.586***	0.058***	0.208***	-0.150***	1.0000	
Size	-0.347***	0.041***	-0.164***	-0.061***	-0.084***	-0.055***	0.338***	-0.244***	0.353***	-0.033**	0.043***	-0.122***	1.0000

注：*** 表示在 1% 的水平上显著，** 表示在 5% 的水平上显著，* 表示在 10% 的水平上显著。

表 4-5　　客户信息披露与企业抵押借款金额

变量	(1) ColLoan	(2) ColLoan	(3) ColLoan	(4) ColLoan
Disc1	-0.0055*	-0.0063***		
	(-1.69)	(-5.73)		
Disc2			-0.2731***	-0.2179***
			(-3.78)	(-4.84)
LD		5.4316***		5.4505***
		(9.98)		(10.04)
DM		0.1234		0.1126
		(0.72)		(0.67)
SOE		-0.4925***		-0.4959***
		(-8.02)		(-8.16)
Topshare		-0.0058**		-0.0058***
		(-2.56)		(-2.60)
Tobinq		-0.0719***		-0.0749***
		(-4.05)		(-4.20)
MB		0.1789***		0.1787***
		(5.46)		(5.49)
ROA		-0.0929**		-0.0954**
		(-2.19)		(-2.23)
Indep		-0.2096		-0.2452
		(-0.45)		(-0.53)
Dual		-0.1505**		-0.1489**
		(-2.46)		(-2.45)
Size		0.5092***		0.5058***
		(12.97)		(12.97)
Industry F. E	Yes	Yes	Yes	Yes
Year F. E	Yes	Yes	Yes	Yes

续表

变量	(1) ColLoan	(2) ColLoan	(3) ColLoan	(4) ColLoan
Constants	19.1038 *** (182.75)	8.7361 *** (9.46)	19.1397 *** (299.25)	8.8457 *** (9.79)
Observations	21,911	21,911	21,911	21,911
Adjusted R^2	0.000	0.444	0.005	0.448
F	8.295	8.44	14.31	9.41

注：括号内为 T 值，***，**，*分别表示两个变量在 1%，5%，10% 的水平上显著相关。

表 4-6 中，将抵押借款金额与企业银行借款总额的比例作为抵押借款的替代变量，反映企业获得的银行借款依赖抵押方式的程度。结果发现，披露客户信息越详细的企业对以抵押方式获得借款的依赖性越小，说明从资金的供给方——银行角度来看，企业的客户信息披露在一定程度上缓解了信息不对称，使银行能更好地评估借款企业的信贷风险，银行可能降低信贷合约中对抵押的要求。

表 4-6　　　　客户信息披露与企业抵押借款比例

变量	(1) ColLoan_pc	(2) ColLoan_pc	(3) ColLoan_pc	(4) ColLoan_pc
Disc1	-0.0621 *** (-3.60)	-0.0338 ** (-2.44)		
Disc2			-0.0385 *** (-3.52)	-0.0384 *** (-4.31)
LD		0.4322 *** (4.55)		0.4269 *** (4.54)
DM		0.4932 *** (15.12)		0.4930 *** (15.26)
SOE		-0.0780 *** (-6.31)		-0.0780 *** (-6.34)

续表

变量	(1) ColLoan_pc	(2) ColLoan_pc	(3) ColLoan_pc	(4) ColLoan_pc
Topshare		-0.0008* (-1.70)		-0.0008* (-1.72)
Tobinq		0.0083** (2.43)		0.0079** (2.33)
MB		0.0214*** (4.33)		0.0213*** (4.37)
ROA		-0.0898** (-2.48)		-0.0904** (-2.48)
Indep		-0.0152 (-0.17)		-0.0197 (-0.22)
Dual		-0.0084 (-0.63)		-0.0090 (-0.68)
Size		-0.0880*** (-12.16)		-0.0890*** (-12.41)
Industry F. E	Yes	Yes	Yes	Yes
Year F. E	Yes	Yes	Yes	Yes
Constants	0.4105*** (23.84)	2.4654*** (14.94)	0.3691*** (41.38)	2.4744*** (15.44)
Observations	21,911	21,911	21,911	21,911
Adjusted R^2	0.006	0.265	0.004	0.267
F	12.93	13.44	12.36	14.12

注：括号内为T值，***，**，*分别表示两个变量在1%，5%，10%的水平上显著相关。

表4-5和表4-6中主要控制变量的影响分析如下：(1)公司规模Size越大，抵押借款金额和比例越低，因为资产规模较大的公司通常盈利能力较强，违约风险较低；另外，在我国资本市场存在信息不对称的情况下，公司规模较大的公司面临的融资约束较

低，所以企业不会过度依赖抵押借款以获得债务融资；（2）长期负债比例和债务期限结构与抵押借款金额和比例显著正相关，因为长期负债的比例越高意味着财务风险就越大，银行为了应对可能的信贷风险就会要求企业提供抵押，并提供更少信用借款；（3）企业的资产收益率 ROA 反映盈利能力，ROA 越高表明公司财务状况越稳定，财务风险和信用风险相对更低，则依赖抵押借款的程度越低。这些结论基本上与现有文献相吻合。

4.4.3　稳健性检验

以上结果表明，客户集中度会显著增加企业对抵押借款的依赖性，但结果仍可能不稳健。为了验证以上研究结论的可靠性，本部分拟进一步从以下几个方面展开稳健性检验。

1. 更新替代变量的衡量方式

借鉴江伟等（2017）将借款金额用资产总额进行标准化后，能更好地衡量企业依赖抵押借款获得融资的程度。因此，本部分采用上述两个指标替代被解释变量代入模型，结果如表 4－7 所示：客户信息披露的两个指标都与标准化的抵押借款金额显著正相关，其他五列都至少在 5% 的水平上显著。就系数大小而言，与表 4－5 的系数相比较，客户集中度变量的系数有所增加，说明经过资产标准化后的借款金额能更好地排除由于企业规模产生的差异，能更清晰地反映两者之间的相关性。总之，其与表 4－5 的回归结果类似，进一步说明了客户信息披露可以降低银行要求抵押借款的可能性。

表 4－7　　　　客户信息披露与标准化的借款金额

变量	(1) ColLoan_sd	(2) ColLoan_sd	(3) ColLoan_sd	(4) ColLoan_sd
Disc1	－0.0083 (－1.43)		－0.0129** (－2.01)	
Disc2		－0.0034 (－0.95)		－0.0091*** (－2.93)

续表

变量	(1) ColLoan_sd	(2) ColLoan_sd	(3) ColLoan_sd	(4) ColLoan_sd
LD			0.5793*** (13.00)	0.5802*** (13.09)
DM			0.0578*** (−4.58)	0.0584*** (−4.65)
SOE			−0.0235*** (−5.78)	−0.0234*** (−5.78)
Topshare			−0.0004*** (−2.86)	−0.0004*** (−2.86)
Tobinq			0.0003 (0.14)	0.0002 (0.11)
MB			0.0043** (1.99)	0.0042** (1.98)
ROA			−0.0159 (−1.23)	−0.0159 (−1.23)
Indep			0.0243 (0.80)	0.0226 (0.75)
Dual			−0.0054 (−1.32)	−0.0057 (−1.39)
Size			−0.0215*** (−8.29)	−0.0219*** (−8.52)
Industry F. E	Yes	Yes	Yes	Yes
Year F. E	Yes	Yes	Yes	Yes
Constants	0.0334*** (4.04)	0.0286*** (4.09)	0.5414*** (8.70)	0.5450*** (8.95)
Observations	21,911	21,911	21,911	21,911
Adjusted R^2	0.108	0.107	0.350	0.351
F	11.19	14.83	14.92	12.11

注：括号内为T值，***，**，*分别表示两个变量在1%，5%，10%的水平上显著相关。

2. 客户信息披露指标滞后一期

表 4－8 为客户信息披露指标滞后一期的稳健性检验。在表4－5 和表 4－6 的基础回归中，被解释变量企业抵押借款与解释变量客户信息披露指标 Disc1 和 Disc2 为同一会计期间的变量，因而，客户信息披露变量 Disclosure 与抵押借款金额 ColLoan 之间的负相关关系可能存在互为因果的内生性问题，故而在此部分将被解释变量企业的客户信息披露指标更改为滞后一期的 $Disc1_{t-1}$ 和 $Disc2_{t-1}$，重新进行表 4－5 中的回归。数据结果显示：在第（1）列和第（2）列中，以前一期是否披露前 5 名客户销售占比的指标与当期抵押借款金额的回归结果负相关，t 值为－1.54，接近于显著。第（3）和第（4）列为以前一期是否披露前 5 名客户详细名称的指标对当期抵押借款金额的回归系数，企业的抵押借款指标均在 10% 水平上显著。总之，表 4－8 的结果虽然在显著性方面弱于表 4－5 和表 4－6 的回归结果，但仍然能够支持本章的假设。

表 4－8　　滞后一期的客户信息披露指标与企业抵押借款

变量	（1）ColLoan	（2）ColLoan_pc	（3）ColLoan	（4）ColLoan_pc
$Disc1_{t-1}$	－0.0629 （－1.61）	－0.0934 （－1.27）		
$Disc2_{t-1}$			－0.0576* （－1.82）	－0.0518* （－1.97）
LD	2.6381*** （4.21）	2.7348*** （4.33）	3.1362*** （3.15）	1.8720** （2.06）
DM	0.0134 （0.23）	0.0325 （0.40）	－0.0310 （－0.78）	0.0458 （1.21）
SOE	－0.0724*** （－3.23）	－0.0615*** （－3.12）	－0.0709*** （－3.87）	－0.0143 （－0.34）
Topshare	－0.0259*** （－6.38）	－0.0348*** （－7.18）	－0.0493*** （－5.29）	－0.0365*** （－3.27）

续表

变量	(1) ColLoan	(2) ColLoan_pc	(3) ColLoan	(4) ColLoan_pc
Tobinq	-0.1397*	-0.0432	-0.2573*	-0.0845
	(-1.78)	(-0.23)	(-1.76)	(-0.10)
MB	0.6572***	0.4571***	0.5482***	1.2564***
	(5.26)	(5.09)	(3.39)	(4.28)
ROA	0.1250*	0.0653*	0.0427*	0.0459
	(1.95)	(1.91)	(1.82)	(1.19)
Indep	0.1565	0.1498	0.1751	0.1276
	(1.69)	(1.59)	(1.68)	(0.58)
Dual	-0.1149***	-0.0475***	-0.1179**	-0.0469***
	(-2.79)	(-2.69)	(-2.53)	(-2.63)
Size	0.0465***	0.0493***	0.0486***	0.0673**
	(3.38)	(3.43)	(2.79)	(2.43)
Industry F. E	Yes	Yes	Yes	Yes
Year F. E	Yes	Yes	Yes	Yes
Constants	1.4682***	1.5091***	1.5484***	1.1527***
	(7.69)	(7.83)	(6.89)	(3.13)
Observations	16,834	16,834	12,879	3,884
Adjusted R^2	0.043	0.058	0.069	0.084
F	12.86	13.18	9.684	8.725

注：括号内为T值，***，**，*分别表示两个变量在1%，5%，10%的水平上显著相关。

3. 以单笔借款数据分析

前文利用企业年报中短期借款和长期借款的不同担保类型的借款总额数据进行分析，研究发现，企业披露客户信息质量越高，对于抵押借款的依赖性越低，表现为以抵押方式获得的短期借款和长期借款金额更少，抵押借款金额占银行借款总额的比例也更小。为了进一步验证该结论，本书借助CSMAR数据库，从上市公司向银行贷款数据中获取了企业单笔借款数据，筛选出披露的贷款类型为 203[①] 的样本，变量 ColLoan_single 将抵押借款金额取自然对数后与企业是否披露客户具体名称的变量 Disc2 进行回归。结果如表 4－9 所示，研究发现两者的系数在 10% 的水平上显著负相关，说明从单笔抵押借款层面来看，更多披露客户信息的借款企业对抵押借款进行债务融资的依赖性确实有下降，验证了本章的假设。

表 4－9　　客户信息披露与企业单笔抵押借款金额

变量	(1) ColLoan_single	(2) ColLoan_single
Disc2	−0.2272** (−2.45)	−0.0173* (−1.67)
CFO		−0.0055* (−1.74)
Size		−0.0010 (−0.56)
Topshare		−0.0288*** (−2.85)
Lev		0.0142 (0.59)
FA		−0.0002 (−0.18)
ROA		−0.0270 (−0.82)
SOE		0.0006 (0.06)

① 按照《贷款通则》2015 分类编制贷款类型如下：1 为信用贷款；2 为担保贷款；201 为保证贷款；202 为质押贷款；203 为抵押贷款；306 为票据贴现；5 为其他授信项。本书筛选依据是贷款类型包含 203 的样本。

续表

变量	(1) ColLoan_single	(2) ColLoan_single
MB		-0.1611 (-1.20)
Industry F. E	Yes	Yes
Year F. E	Yes	Yes
Constants	8.6095 (77.58)	6.7422 (56.93)
Observations	903	903
Adjusted R^2	0.0424	0.0203

注：括号内为T值，***，**，*分别表示两个变量在1%，5%，10%的水平上显著相关。

4. 解决内生性问题的2SLS回归

表4-10为普通两阶段回归2SLS的稳健性检验。表4-5和表4-6的基础回归中被解释变量抵押借款金额与比例和解释变量是否披露前5名客户销售占比指标Disc1以及是否披露客户详细信息Disc2之间可能存在遗漏变量的内生性问题。对此，本部分采用2SLS回归的方法进行稳健性检验。

表4-10　　　　普通两阶段回归

变量	(1) ColLoan	(2) ColLoan	(3) ColLoan_pc	(4) ColLoan_pc
e_1	-0.0873 ** (-2.58)		-0.0732 ** (-2.26)	
e_2		-0.0403 ** (-2.38)		-0.0429 ** (-2.54)
LD	0.1084 (0.43)	0.1234 (0.72)	0.0317 ** (2.19)	0.0159 (0.55)
DM	-0.4438 ** (-2.46)	-0.4925 *** (-8.02)	-0.0895 *** (-9.09)	-0.6233 *** (-4.51)

续表

变量	(1) ColLoan	(2) ColLoan	(3) ColLoan_pc	(4) ColLoan_pc
SOE	-0.0068*** (-2.85)	-0.0058** (-2.56)	-0.0032*** (-3.52)	-0.0053** (2.19)
Topshare	-0.0385*** (-5.57)	-0.0719*** (-4.05)	-0.0677*** (-3.79)	-0.0873** (-2.04)
Tobinq	0.0409 (1.55)	0.1789*** (5.46)	0.0346*** (4.92)	0.0387*** (2.75)
MB	-0.0456*** (-4.94)	-0.0929** (-2.19)	-0.0404 (-1.53)	-0.1145* (·-1.74)
ROA	-0.0446** (-2.48)	-0.4228** (-2.22)	-0.4617*** (-5.01)	-0.6400*** (-2.79)
Indep	-0.0446** (2.48)	-0.1505** (-2.46)	-0.0682*** (-3.83)	-0.0677*** (-3.79)
Dual	0.0408 (-0.79)	0.5092*** (12.97)	0.0534 (0.95)	0.8125*** (9.09)
Industry F. E	Yes	Yes	Yes	Yes
Year F. E	Yes	Yes	Yes	Yes
Constants	1.0327*** (6.13)	1.0382*** (6.14)	1.6873*** (8.70)	1.0801*** (3.03)
Observations	21,911	18,844	21,911	18,844
Adjusted R^2	0.045	0.045	0.046	0.066
F	15.32	14.87	12.16	6.165

注：括号内为 T 值，***，**，*分别表示两个变量在 1%，5%，10% 的水平上显著相关。

具体做法如下：首先，建立客户信息披露影响因素的回归模型[①]，进行第一阶段回归；然后，根据第一阶段回归结果，估计残

① 根据已有文献，影响客户信息披露的因素主要包括企业规模、股权性质、资产负债率、无形资产、是否四大审计、行业竞争、销售增长率。

差 e；最后，将该残差 e 作为解释变量，替换原有解释变量 Disclosure，带入模型（1）进行第二阶段回归。表 4－10 中第（1）、第（3）列为 Disc1 的第一阶段残差项 e_1 分别与抵押借款金额和比例的第二阶段回归结果，第（2）、第（4）列为 Disc2 的第一阶段残差项 e_2 分别与抵押借款金额和比例的第二阶段回归结果。第二阶段的回归结果显示：残差 e_1 和 e_2 的回归系数均显著为负，进一步证明了假设 H1 的稳健性，说明在考虑遗漏变量后，客户信息披露还是能降低企业对抵押借款的依赖程度。

5. 控制供应商信息披露可能的影响

企业的供应链信息披露不仅包含客户信息，证监会在《公开发行证券的公司信息披露内容与格式准则》中同样规定企业应当披露“向前 5 名供应商合计的采购额占年度采购总额的百分比”，该规定与客户信息的披露要求相似，为了排除可能受到供应商信息披露的影响，本书进一步控制供应商信息披露与否的哑变量 Disc_Sup，该变量在企业披露向前 5 名供应商合计的采购占比时取 1，否则取 0。表 4－11 为控制供应商信息披露变量后的回归结果。结果表明，在控制供应商信息披露变量后，客户信息披露与企业抵押借款及金额的负相关关系依然在 10% 的水平上显著，但值得关注的是，供应商信息披露的变量也在 10% 的水平上显著为负，为后续供应商信息披露研究提供借鉴。

表 4－11　　客户信息披露与企业抵押借款金额及比例

变量	（1）ColLoan	（2）ColLoan	（3）ColLoan_pc	（4）ColLoan_pc
Disc1	－0.0037* （－1.95）		－0.0289* （－1.89）	
Disc2		－0.0184** （－2.40）		－0.0061* （－1.90）
Disc_Sup	（－1.99） －0.0045	（－1.30） －0.0024	－0.0019* （－1.92）	－0.0017* （－1.76）

续表

变量	(1) ColLoan	(2) ColLoan	(3) ColLoan_pc	(4) ColLoan_pc
LD	2.1379***	2.1093***	4.2872***	3.1897***
	(7.28)	(8.04)	(4.35)	(4.54)
DM	0.1234	0.1126	0.4981***	0.4163***
	(0.72)	(0.67)	(9.32)	(8.96)
SOE	-0.4925***	-0.4959***	-0.0780***	-0.0780***
	(-8.02)	(-8.16)	(-6.31)	(-6.34)
Topshare	-0.0058**	-0.0058***	-0.0008*	-0.0008*
	(-2.56)	(-2.60)	(-1.70)	(-1.72)
Tobinq	-0.0719***	-0.0793***	0.0083**	0.0079**
	(-4.05)	(-4.20)	(2.43)	(2.33)
MB	0.1789***	0.1787***	0.0214***	0.0213***
	(5.46)	(5.49)	(4.33)	(4.37)
ROA	-0.0929**	-0.0954**	-0.0928**	-0.0904**
	(-2.19)	(-2.23)	(-2.78)	(-2.49)
Dual	-0.1505**	-0.1489**	-0.0084	-0.0090
	(-2.46)	(-2.45)	(-0.63)	(-0.68)
Size	0.5092***	0.5058***	-0.0880***	-0.0890***
	(12.97)	(12.97)	(-12.16)	(-12.41)
Constants	8.7361***	8.8457***	2.4654***	2.4744***
	(9.46)	(9.79)	(14.94)	(15.44)
Industry F.E	Yes	Yes	Yes	Yes
Year F.E	Yes	Yes	Yes	Yes
Observations	21,911	21,911	21,911	21,911
Adjusted R^2	0.413	0.429	0.302	0.311
F	8.44	9.41	14.56	14.69

注：括号内为 T 值，***，**，*分别表示两个变量在 1%，5%，10% 的水平上显著相关。

4.4.4 进一步分析

以上结果表明，客户信息披露程度与企业抵押借款负相关，而根据现有文献，企业会计信息质量与公司治理环境都是影响企业债务融资成本的因素。客户信息披露与企业抵押借款之间的负向关系是否会受到企业会计信息质量和公司治理环境的影响？具体而言，本书需进一步讨论当企业的会计信息质量较高时，客户信息披露降低企业对于抵押借款依赖性的效应是否更显著；当企业的公司治理环境较好时，客户信息披露对降低企业对于抵押借款依赖性的效应是否更显著。为此，本部分分别按照“企业会计信息质量”和“公司治理环境”对样本进行分组回归，探究两者的调节效应。

1. 企业会计信息质量的调节效应

表4－12为企业会计信息质量对客户信息披露程度与企业抵押借款关系的调节效应回归结果。根据企业会计信息质量指标盈余管理DA[①]，将第（1）至第（3）列为“会计信息质量较高组”的子样本回归结果；而第（4）至第（6）列为“会计信息质量较低组”的子样本回归结果。

数据显示：在会计信息质量较高组，第（2）列披露客户详细名称的样本中，客户信息披露与抵押借款占比的回归系数大于第（3）列未披露客户详细名称的样本，且更加显著。同时，对比根据会计信息质量分组后的第（2）列与第（5）列发现，客户信息披露与抵押借款占比的回归系数在会计信息质量较低组不显著。这说明，当企业整体的会计信息质量较高时，其披露的客户信息更具有可靠性，客户信息披露对企业抵押借款比例的降低作用更大；而当企业整体的会计信息质量较低时，其披露的客户信息可靠性相对

① DA为哑变量，在企业盈余管理指标DA小于样本中位数时取1，认为其盈余管理程度较低，会计信息质量较高，归为“会计信息质量较高”组；反之，DA取值为0，属于“会计信息质量较低”组。

降低，对企业抵押借款比例的降低作用也相对有限。

表 4-12　企业会计信息质量对客户信息披露与企业抵押借款关系的调节效应

变量	会计信息质量较高组 DA = 1			会计信息质量较低组 DA = 0		
	(1) 全样本	(2) 披露明细样本	(3) 未披露明细样本	(4) 全样本	(5) 披露明细样本	(6) 未披露明细样本
Disc1	-0.0928**	-0.0576***	-0.0379**	-0.1457**	-0.0439	-0.1456
	(-2.57)	(-3.63)	(-2.58)	(-2.35)	(-0.76)	(-1.35)
LD	0.0805	0.1476	0.1437	0.125***	0.0236	0.1453
	(0.79)	(0.67)	(0.47)	(2.87)	(0.65)	(0.68)
Size	0.0687***	0.0945**	0.2127**	0.0897***	0.0478	0.0654
	(5.23)	(2.33)	(2.37)	(3.56)	(1.21)	(1.36)
Topshare	-2.7798***	-0.3965	-0.0256	-1.9237**	-3.7876***	1.1675
	(4.23)	(0.35)	(-0.12)	(2.24)	(3.63)	(0.72)
ROA	-0.0657***	-0.0925*	-0.067	-0.0478*	-0.1253***	-0.0986
	(-3.75)	(-1.78)	(-1.34)	(-1.78)	(-3.36)	(-1.48)
Indep	0.0576***	-0.0446***	-0.0595***	0.0528***	0.0656***	-0.0469
	(7.23)	(-2.78)	(-2.69)	(4.48)	(5.67)	(-1.04)
MB	0.0158	0.11492*	0.0895	0.0793	-0.0360	0.1628*
	(0.61)	(1.83)	(0.98)	(1.49)	(-0.59)	(1.82)
Tobinq	0.4028***	0.7391***	0.6912**	0.5291**	0.3574***	0.6831**
	(4.09)	(3.23)	(2.48)	(2.48)	(3.37)	(1.87)
Dual	0.0559***	0.0158	0.0419	0.0692**	0.0571	-0.0362
	(2.69)	(0.52)	(0.71)	(2.46)	(1.38)	(-0.89)
Industry F. E	Yes	Yes	Yes	Yes	Yes	Yes
Year F. E	Yes	Yes	Yes	Yes	Yes	Yes
Constants	1.6830***	1.2860***	1.5085***	1.4218***	1.6924***	0.3661
	(7.33)	(3.47)	(3.22)	(5.21)	(5.80)	(0.71)

续表

变量	会计信息质量较高组 DA = 1			会计信息质量较低组 DA = 0		
	(1) 全样本	(2) 披露明细样本	(3) 未披露明细样本	(4) 全样本	(5) 披露明细样本	(6) 未披露明细样本
Observations	11,420	3,667	7,752	10,491	3,025	7,619
Adjusted R^2	0.051	0.078	0.069	0.031	0.048	0.069
F	12.28	6.470	3.678	5.827	6.792	4.358

注：括号内为 T 值，***，**，* 分别表示两个变量在 1%，5%，10% 的水平上显著相关。

2. 公司治理的调节效应

表 4 - 13 为公司治理环境对客户信息披露程度与企业抵押借款关系的调节效应回归结果。第（1）至第（3）列为“公司治理环境好”的子样本回归结果；而第（4）至第（6）列为“公司治理环境差”的子样本回归结果。其中，第（1）列和第（4）列为各子样本中控制了公司治理指标的回归结果；第（2）、第（3）与第（5）、第（6）列则是分别将各子样本按照是否披露客户详细信息，即按照是否披露客户具体信息指标 Disc2 = 1 和 Disc2 = 0 分组的回归结果①。

数据显示：在第（1）至第（3）列“公司治理环境好”的子样本中，第（1）列客户信息披露变量 Disc1 的系数均显著为负（在 5% 的水平上显著），控制公司治理指标 Dual 后客户明细信息披露与企业抵押借款依旧显著负相关，说明在控制了公司治理水平后客户信息还是会对抵押借款产生影响。第（3）列 Disc1 的回归系数为 -0.1677，其系数和显著性均略高于第（1）列 Disc1 的回归结果，而第（2）列 Disc1 的回归系数不显著。这说明，当公司

① 若企业公司治理指标 Dual 为 1，即该公司的 CEO 和董事长为同一人时，认为其公司治理较差，该样本归为“公司治理较差”组；反之，属于“公司治理较好”组。

治理环境好时，客户信息披露的信号作用更显著，即更能显著降低银行对企业信贷违约风险的评估。在“未披露客户明细”子样本中，客户信息披露变量 Disc1 的回归系数虽为负，但均不显著。

综合表 4－12 和表 4－13 的回归结果可以发现，企业的会计信息质量和公司治理环境都能为客户信息披露的信号传递作用提供更好的基础。当企业的会计信息质量较高时，企业披露的信息更为可信，客户信息披露与企业抵押借款之间的关系更显著；而当企业的公司治理环境较好时，公司自身的信息披露水平较好，而客户这一特定的信息披露能进一步降低信息不对称程度，降低银行对其信贷风险评估水平，即客户信息披露与企业抵押借款之间的负向关系更显著。

表 4－13　　公司治理环境对客户信息披露与企业抵押借款关系的调节效应

变量	公司治理环境好 Dual = 0			公司治理环境差 Dual = 1		
	(1) 全样本	(2) 未披露客户明细	(3) 披露客户明细	(4) 全样本	(5) 未披露客户明细	(6) 披露客户明细
Disc1	−0.0872**	−0.0721	−0.1677*	−0.1237	−0.1577	−0.0689
	(−2.48)	(−0.69)	(−1.73)	(−1.58)	(−1.42)	(−1.32)
Dual	0.0371**			0.0316		
	(2.09)			(0.48)		
LD	0.0475***	0.0193	0.0534*	0.0208	0.0185	0.0553
	(2.83)	(0.64)	(1.89)	(0.65)	(0.44)	(1.55)
Indep	−0.0053*	−0.0236**	−0.0071**	−0.0079**	−0.0093**	−0.0073**
	(−1.82)	(−2.54)	(−2.12)	(−2.30)	(−2.27)	(−1.78)
Size	−0.0853***	−0.0593	−0.0506***	−0.0749**	−0.2110**	−0.0387
	(−4.24)	(−1.38)	(−3.69)	(−2.26)	(−2.44)	(−1.04)
Topshare	−0.0059*	−0.0365**	−0.0069**	−0.0741**	−0.0154**	−0.0043**
	(−1.68)	(−2.51)	(−2.07)	(−2.33)	(−2.37)	(−1.88)

续表

变量	公司治理环境好 Dual = 0			公司治理环境差 Dual = 1		
	（1）全样本	（2）未披露客户明细	（3）披露客户明细	（4）全样本	（5）未披露客户明细	（6）披露客户明细
Tobinq	0.0583 ***	-0.0447 ***	0.0622 ***	-0.0543 ***	-0.0159	0.0451 **
	(6.32)	(-2.79)	(6.73)	(-2.89)	(-0.38)	(2.37)
MB	0.0134	0.1379 *	0.0264	0.1125	0.0598	0.0029
	(0.68)	(1.68)	(0.83)	(1.48)	(0.36)	(0.11)
ROA	0.4573 ***	0.5339 **	0.6791 ***	0.5982 ***	1.2831 *	0.2470 **
	(4.16)	(2.34)	(4.76)	(2.84)	(1.83)	(1.85)
DA	-0.0483	-0.0587	-0.0982	-0.0129	-0.3507	0.0170
	(-0.87)	(-0.37)	(-1.34)	(-0.38)	(-0.65)	(0.18)
Industry F. E	Yes	Yes	Yes	Yes	Yes	Yes
Year F. E	Yes	Yes	Yes	Yes	Yes	Yes
Constants	-2.5357 ***	1.3681 ***	-1.5603 ***	1.2607 ***	0.1588	-1.3574 **
	(-6.87)	(3.52)	(-7.44)	(3.13)	(0.22)	(-2.49)
Observations	11,264	7,535	3,729	10,647	7,382	3,280
Adjusted R^2	0.051	0.059	0.052	0.053	0.069	0.042
F	15.33	4.670	11.34	6.477	1.743	4.76

注：括号内为 T 值，***，**，* 分别表示两个变量在 1%，5%，10% 的水平上显著相关。

3. 客户信息披露对企业银行借款总额的影响

由主回归结果可知，客户信息披露会降低企业抵押借款金额占借款总额的比例，表明企业对抵押贷款的依赖程度下降，但同时以抵押贷款的自然对数衡量企业获得的抵押借款金额也有所下降，其可能的原因是企业借款总体需求下降。为了排除由于企业自身借款需求降低而导致的抵押借款金额减少，本部分进一步分析客户信息披露对企业银行借款总额①的影响。

表4-14为以企业银行借款总额的自然对数lnLoan作为被解释变量与客户信息披露的指标进行单变量及多变量回归，第（1）、第（2）列为以是否披露前5名客户销售占比合计数的指标Disc1作为解释变量与企业银行借款总额的自然对数lnLoan进行回归的结果，第（3）、第（4）列为以是否披露客户详细名称的指标Disc2作为解释变量与企业银行借款总额的自然对数lnLoan进行回归的结果，其中第（2）和第（4）列为加入影响企业银行借款的控制变量后的多变量回归结果。回归结果显示，客户信息披露与否对企业获取银行借款总额的影响为正，但在统计上并不显著，说明客户信息披露无法直接对企业整体信贷规模产生明显影响。结合表4-5的客户信息披露与抵押借款金额的回归结果分析，验证了前文中抵押借款是研究客户信息作用更好场景的论断②，同时也说明客户信息披露对抵押借款依赖性的降低并非是因企业整体借款规模下降而导致的。

表4-14　　客户信息披露与企业银行借款总额

变量	(1) lnLoan	(2) lnLoan	(3) lnLoan	(4) lnLoan
Disc1	0.0509 (1.02)	0.0034 (0.95)		
Disc2			0.0143 (0.28)	0.0009 (1.13)

① 企业的银行借款总额lnLoan =（短期借款 + 长期借款）/资产总额，经过资产总额标准化的银行借款总额控制了企业规模差异导致的借款总额差异。

② 在与银行协商借款条款时，借款企业会通过一系列方式降低与银行的信息不对称以获得更优惠的条款，客户信息在此为银行提供了有关借款企业供应链关系、收入来源及稳定性等方面的信息，由此，银行对借款企业的深入了解有助于更好评估供应商信贷风险。

续表

变量	(1) lnLoan	(2) lnLoan	(3) lnLoan	(4) lnLoan
LD		0.0685 ** (1.97)		0.0688 ** (1.98)
DM		0.0596 ** (2.30)		0.0599 ** (2.30)
SOE		0.0126 *** (4.10)		0.0131 *** (4.28)
Topshare		0.0199 (0.60)		0.0172 (0.52)
Tobinq		0.0201 (1.34)		0.0203 (1.35)
MB		0.0005 *** (2.97)		0.0005 *** (2.98)
ROA		0.0201 *** (4.16)		0.0200 *** (4.16)
Indep		0.2096 (0.45)		0.2452 (0.53)
Dual		-0.1505 ** (-2.46)		-0.1489 ** (-2.45)
Size		0.5092 *** (12.97)		0.5058 *** (12.97)
Industry F.E	Yes	Yes	Yes	Yes
Year F.E	Yes	Yes	Yes	Yes
Constants	0.1228 ** (2.57)	0.1170 ** (2.36)	0.3337 *** (5.37)	0.3458 *** (5.66)
Observations	21,911	21,911	21,911	21,911
Adjusted R^2	0.121	0.120	0.204	0.205

注:括号内为T值,***,**,*分别表示两个变量在1%,5%,10%的水平上显著相关。

4.5　本章小结

本章以 2007—2017 年沪深 A 股上市公司为样本，分别以企业是否在年度报告中披露前 5 名客户销售占比合计和是否披露客户详细名称为解释变量，研究了客户集中度对企业抵押借款金额和比例的影响。研究结果表明：（1）客户信息披露质量与抵押借款显著负相关，说明客户信息披露质量更高的企业对抵押借款的依赖性更低，而且在进行了稳健性检验后，该结论仍然成立；（2）本章还进一步分析了会计信息质量和公司治理水平对客户信息披露和抵押借款关系的影响，与基本逻辑一致，会计信息质量高的企业能进一步缓解信息不对称程度，使得客户信息披露对降低企业抵押借款依赖性的效应进一步得到加强。

客户作为企业外部产品市场上的主要非投资者和利益相关者，能够对企业的多方面经营活动产生影响，正如我国在《公开发行证券的公司信息披露内容与格式准则》中规定了上市公司客户信息的披露要求，足以说明客户信息的需求以及其对企业经营活动的重要性。银行在审批贷款时，会根据贷款企业所面临的风险对其作出信用评级，进而决定贷款契约。客户信息这一特定的非财务信息披露对债权人对企业进行风险评估的作用具有较重要的现实意义，相关信息的披露可以为债权人提供更多信息，降低企业与债权人之间的信息不对称程度。根据现行准则的规定，上市公司需在其年度报告中披露前 5 名客户销售占比的合计数，除此之外，公司也被鼓励披露其前 5 名客户的具体名称和销售金额。研究结论表明，从银行角度而言，企业的客户信息披露在某种程度上有效降低了借款企业与银行的信息不对称程度，制订贷款合约时降低了担保要求，特别是抵押品的要求，具体表现为客户信息披露质量更高的企业，其抵押借款占银行借款总额的比例更低。

第5章 客户集中度与企业抵押借款

5.1 问题引出

银行信贷的本质是契约，债务人风险特征作为主要影响契约条款签订以及履约方式的因素是银行放贷时需要首要考虑的。Stiglitz和Weiss（1981）的研究发现，信贷市场中，由于信息不对称导致的逆向选择使信贷资源向低风险借款人倾斜，同时其借款成本也更低。银行可以通过借款者的会计信息以及财务分析评估其信贷违约风险，但由于低风险借款人不愿以高成本获取银行贷款，而高风险借款人会更有意愿接受高成本的贷款合约，这样的结果是高成本的贷款合约会带来更高的违约率。因此，当银行无法准确识别借款人风险，或缓解逆向选择问题，就需要抵押作为履约机制保障其利益受到损失的可能性更小。

客户对债务契约具有重要影响的一个原因是客户信息对信贷风险评估具有重要价值。在已有的制度要求中，无论是在证监会对公开发行证券的上市公司的信息披露要求中，还是在商业银行的授信工作指引中，都可以看到市场对于客户信息的需求是广泛存在的。同时，从制度规范中也反映出来，客户信息是外部市场对企业经营状况、盈利能力及偿债能力等方面进行全面了解的重要途径，能借其评估企业的流动性风险和经营风险，那么也同样可以对企业债务契约的制订和履行产生作用。同时，从已有的信息披露要求中，可以明确看到信息使用者已经将对客户的严重依赖认定为风险因素之一[①]。但从另一个角度看，从稳定的客户关系中获取稳定的销售收入及流动性是企业构造依赖性客户群结构的一种思路。

客户集中对于债权人而言究竟是一种补充的信任契约，还是风险信号，已有的研究中能看到不同的结论。企业与客户的交易合约对双方都可以降低不确定性，对企业而言客户是其稳定销售收入的来源，也在一定程度上降低了流动性风险。客户集中说明企业有相对稳定的客户关系，这也向外部传递出企业在产品市场中受到认可，并有稳定客户群体的信号。但与此同时，已有研究发现了客户集中的风险，客户集中可能导致的供应链上议价权的不均衡，客户极有可能要求企业提供更加优惠的交易条款（Kale 和 Shahrur，2007）。稳定客户会造成企业的套牢风险增加，客户的转换成本较低，而此时客户关系波动的可能性会增加企业经营风险（Campello 和 Gao，2015）。Pandit 等（2011）认为，主要客户盈余对供应商未来盈余和现金流有潜在影响，银行具有更强信息处理能力，通过对主要客户盈余的分析，可以合理预期主要客户的财务状况进而合理评估供应商的信贷质量。

相对于信用借款，抵押贷款是研究客户价值的更好场景，银行在作出信贷决策时要求企业提供抵押，说明借款人综合评估的信用质量不足以支撑银行为其发放信用借款的信心，而通过抵押可以适度控制风险，银行对客户的深入了解有助于更好地评估供应商信贷风险。Berger 等（2011）指出，使用信用评分以降低信息不对称程度的银行对很大一部分小企业贷款降低了抵押要求，说明从银行角

① 要求上市公司年度报告在“可能面对的风险”项目中遵循相关性原则和重要性原则披露“单一客户依赖风险”。

度来看，信息不对称程度的降低可降低对借款人担保抵押的要求。因此，本章研究客户信息披露是否能降低信息不对称程度，进而为银行评估借款人信贷风险提供依据。

5.2 理论分析与假设提出

在银行的信贷配置考量中，除了关注企业自身特征外，企业的外部履约机制同样是其关注的重点。在我国，由于法律制度尚不能很好地保护债权人的权利并约束债务人按时履约①，也无法通过浮动利率和限制性条款有效分散借款风险，债务契约的违约成本降低了债务人主动履约的积极性。银行关注企业的客户信息，在很大程度上是因为企业未来的经营活动都可以通过客户反映出来，也同时受到客户经营情况及财务状况的影响。相关信息的披露可以为银行评估企业信贷违约风险提供更多信息，降低企业与投资者之间的信息不对称程度。Iktzkowitz（2013）发现，客户关系作为一种隐性的未来承诺，能够提高企业的银行借款可获得性，且降低借款成本，这说明客户信息也能向企业的利益相关者传递信号，进而影响债权人对企业的风险认知和评估。

已有研究从两个角度分析了客户集中度的影响，也有学者从银行角度研究借款企业的大客户如何影响银行的风险评估，但整体而言结论并不一致。

客户集中对企业的积极影响大致分为以下三个方面：第一，客户是企业销售收入的来源，因此客户的购买力和客户群结构能够对企业的营业收入和现金流产生最直接的影响，而收入稳定性和流动

① 姜军，申丹琳，江轩宇，伊志宏．债权人保护与企业创新［J］．金融研究，2017（11）：128－142.

性风险都是银行在对企业进行信贷风险评估时考虑的重要因素。当客户结构稳定，企业面临的不确定性更低，收入和现金流能够得到有效保障；而客户规模越大，企业从客户获得的销售收入越多，存货周转越快，资金使用效率越高，因此会降低企业的财务风险和流动性风险。第二，客户作为企业重要的社会关系网络节点和关键非财务利益相关者，向外部传递了供应企业产品质量的信号，特别是当客户关系持续且稳定时，能够增强外部利益相关者对企业经营状况的信心。例如，Pandit 等（2011）的研究就发现，客户的盈利能力对供应企业的股价具有显著影响，这说明客户与企业之间除了直接的经济联系外，该关系本身也能对市场产生信息含量。第三，企业的客户对企业自身具有监督作用。例如，Cen 等（2015）的研究发现，主要客户能够发挥监管作用，降低供应商外部利益相关者的信息和代理成本，使银行给予企业更优惠的贷款契约条款。

然而，已有研究结论也大量验证了客户集中为企业带来的风险。例如，Kale 和 Shahrur（2007）从融资需求方出发，从主要客户的议价能力等角度讨论客户集中度如何影响企业自身负债水平的选择。Campello 和 Gao（2015）发现，客户集中度高虽然能提升企业的运营效率，但是当客户面临财务困境时也加大了供应商企业的风险，其结果是大客户的存在将导致企业贷款成本增加以及限制性条款增多。从银行进行信贷风险评估的角度看，通过已有文献总结出客户集中的风险可能通过以下 4 种方式影响企业与其贷款银行之间的信贷合约：第一，客户集中导致了企业在供应链上的相对议价权更弱，而为了维持客户关系，企业更可能在交易合约中作出让步，使企业的利润空间被挤压，长期会降低企业的盈利能力。第二，当企业对客户的依赖性过高时，客户更容易通过要求更多现金折扣、更长商业信用周期等方式获取对自身利益最大化的交易合约，长期看来是客户侵占了供应企业资源，从而使企业面临流动性风险。第三，客户关系的维持除了合约之外，关系专有性投资也是重要的经济联系，这类长期合约会导致企业受制于客户关系，这类专用性资产转换能力较弱，一旦客户关系中止，会对企业的经营业绩和现金流造成致命打击。第四，如果企业的客户集中度过高，其经营业绩会受到客户经营业绩的传导，当客户盈利能力面临风险时，现金流受限会导致商业信用无法按时偿还，从而将风险传导至供应企业，而这类风险的产生是企业自身无法控制的。无法控制的现金流风险增加，进而增加信贷违约风险。

本章利用已在财务报表附注中披露主要的客户信息的企业信息，获取前 5 名客户的销售占比及赫芬达尔指数衡量客户集中度作为客户信息披露质量的指标。在银行贷款方面，本章主要考察了抵押借款规模和抵押借款占银行借款总额的比例。

根据以上分析，本章提出以下对立假设：

假设 H1a：在其他条件相同的情况下，客户集中度越高，企业对抵押借款的依赖程度越低。

假设 H1b：在其他条件相同的情况下，客户集中度越高，企业对抵押借款的依赖程度越高。

5.3 研究设计

5.3.1 样本选取及数据来源

由于自 2007 年起公司自愿披露前 5 名客户的名称和销售额的样本逐渐增多，本书选取的研究样本为 2007—2017 年在沪深证券交易所上市的公司。客户信息披露数据及公司银行抵押借款数据从 CSMAR 和 RESSET 数据库中获取，公司其他财务数据从 CSMAR 数据库获得。

本书对数据进行如下处理：（1）剔除金融类企业；（2）剔

除控制变量不完整的样本；（3）剔除资产负债率大于1的样本。通过以上数据处理，本书最终得到14,321个有效样本观测值。为了消除极端值的影响，对所有连续变量进行上下1%的Winsorize缩尾处理。

5.3.2 模型设计与变量说明

为了验证假设H1a和H1b，本书先设置模型（1）以验证客户信息披露对银行抵押借款的影响。预期客户集中度越高，企业更加依赖抵押借款的方式获得银行资金。

$$
\begin{aligned}
Collateral_{ikt} = {} & \alpha_0 + \alpha_1 Customer_{i,t} + \alpha_2 Size_{i,t-1} + \alpha_3 CFO_{i,t-1} \\
& + \alpha_4 FA_{i,t-1} + \alpha_5 Indpe_{i,t-1} + \alpha_6 Growth_{i,t-1} \\
& + \alpha_7 SOE_{i,t-1} + \alpha_8 ROA_{i,t-1} + \alpha_9 Topshare_{i,t-1} \\
& + \sum Year + \sum Ind + \varepsilon \qquad (1)
\end{aligned}
$$

其中，被解释变量$Collateral_{ikt}$为借款者i的某一笔银行借款k的以下特征：借款期限、借款金额。解释变量Customer为客户信息披露指标，包括前5名客户销售占比合计，第一大客户销售占比，客户集中度。Control为影响银行借款的常见变量，包括贷款人特征、借款人特征、宏观因素等（见表5-1）。参照前人研究的做法，对模型中除了行业、年度以外的自变量及控制变量进行滞后一期处理。

表5-1　　　　变量定义

变量		变量定义
被解释变量	ColLoan	企业抵押借款总额的自然对数
	ColLoan_pc	企业抵押借款比例=抵押借款总额/银行借款总额
解释变量	Cusbig5	公司当年前5名客户销售总额/当年销售收入
	CC	根据公司当年前5名客户销售份额计算的赫芬达尔指数

续表

变量		变量定义
解释变量	Cash	公司当年自由现金流/当年年末资产总额
	FA	公司当年年末固定资产总额/当年年末资产总额
	Indep	独立董事人数/董事会总人数
	Growth	（当年主营业务收入－前一年主营业务收入）/前一年主营业务收入
控制变量	ROA	公司当年净利润/当年年末资产总额
	Lev	公司当年年末负债总额/当年年末资产总额
	Size	公司当年总资产的自然对数
	SOE	哑变量，如果公司为国有企业取1，否则为0
	Topshare	公司当年年末第一大股东持股比例

5.4 实证检验

5.4.1 描述性统计

为了对各变量的数理特征进行分析，对所有变量进行描述性统计（见表5－2）。

表5－2 主要变量的描述性统计

变量	样本量	均值	标准差	中位数	最大值	最小值
ColLoan	14,321	20.22	1.739	20.20	24.55	10.37
ColLoan_pc	14,321	0.36	0.366	0.241	1	0
CC	14,321	0.052	0.090	0.017	0.539	0
Cusbig5	14,321	29.76	21.73	23.71	97.58	1.020

续表

变量	样本量	均值	标准差	中位数	最大值	最小值
ROA	14,321	0.040	0.050	0.036	0.197	-0.147
Topshare	14,321	13.57	14.60	8.928	79.60	0.370
Size	14,321	21.99	1.236	21.81	25.80	19.55
Lev	14,321	0.446	0.208	0.447	0.881	0.046
Cash	14,321	0.168	0.132	0.130	0.717	0.011
Growth	14,321	0.197	0.473	0.116	3.178	-0.557
SOE	14,321	0.548	0.498	1	1	0

由表 5-2 结果分析可知：（1）抵押借款金额 ColLoan 的最大值和最小值分别为 24.55 和 10.37，均值为 20.22，抵押借款比例 ColLoan_pc 的最大值和最小值分别为 1 和 0，均值为 0.36，说明不同公司的借款类型差异较大。（2）前 5 名客户销售占比合计 Cusbig5 均值（中位数）为 29.76（23.71），最大值为 97.58，最小值为 1.020，标准差为 21.73；前 5 名客户的赫芬达尔指数 CC 的均值（中位数）为 0.052（0.017），最大值为 0.539，最小值为 0，标准差为 0.090。这表明我国上市公司客户集中的程度存在较大的差异，各公司对大客户的依赖程度有很大的区别，有的公司主要销售对象集中在前 5 名客户中，而有的企业前 5 名客户占总销售量的比重很低，客户较为分散。（3）样本公司中国有企业样本略高于非国有企业样本量，但样本量相对较为均匀。（4）公司规模 Size 最大值为 25.80，最小值为 19.55，均值为 21.99，表明从总体来看，A 股上市公司规模较大，但不同企业之间规模悬殊。（5）样本公司的资产负债率 Lev 均值为 0.446，说明总体而言制造业企业资产负债比率较高，财务风险较高。（6）公司成长性 Growth 的最大值为 3.178，最小值为 -0.557，说明制造业企业的成长能力两极分化严重，有的企业有较好的成长性和发展能力，而有的企业出现负

增长，发展前景受限。企业盈利能力ROA指标最大值为0.197，最小值为-0.147，说明不同制造业企业盈利能力分化比较严重。第一大股东持股比例的组间差值为0.829，机构持股比例的组间差值为0.682，说明制造业企业中，不同公司的股权结构不相同，股权分散程度相差较大，机构投资者入股情况不尽相同。

表5-3列示了回归模型中变量的相关系数。根据分析可知：(1) 单变量分析客户集中衡量的CC和Cusbig5两个指标与抵押借款正相关，并且在1%的水平上显著，说明客户越集中，企业依赖抵押借款的程度越高，仍需多元回归以进一步分析；(2) 衡量抵押借款的指标相关系数较大，并且在1%的水平上显著，说明这两个指标同时衡量抵押借款的特征，同时衡量客户集中的指标CC和Cusbig5高度显著正相关，说明这两个指标也能够同时反映客户的集中程度。

5.4.2 基础回归

表5-4为客户集中度与企业抵押借款金额的回归分析结果，具体如下：模型（1）和模型（3）为利用前5名客户销售占比的赫芬达尔指数CC作为客户集中度的替代变量与抵押借款金额进行回归，模型（2）和模型（4）以前5名客户销售占比合计数作为客户集中度的替代变量，模型中均控制了年度和行业固定效应。结果表明，客户集中度高的企业获得抵押借款的金额更大。在表5-5中，将抵押借款金额与企业银行借款总额之比作为抵押借款的替代变量，反映企业获得的银行借款依赖抵押方式的程度。结果发现，客户集中度高的企业更加依赖抵押方式获得借款，说明从资金的供给方——银行角度来看，客户集中度高的企业违约风险更大，银行通过要求提供抵押品的方式缓解可能要面对的信贷风险。

表 5－3　　　　　　　　　　　　　　　**主要变量的 Pearson 相关系数**

变量	ColLoan	ColLoan_pc	CC	Cusbig5	Size	SOE	Topshare	Lev	FA	ROA	Cash
ColLoan	1.0000										
ColLoan_pc	0.231***	1.0000									
CC	0.086***	0.028**	1.0000								
Cusbig5	0.139***	0.029***	0.811***	1.0000							
Size	0.478***	−0.261***	0.086***	−0.152***	1.0000						
SOE	0.082***	−0.189***	0.084***	−0.0100	0.276***	1.0000					
Topshare	0.124***	−0.115***	0.089***	−0.0010	0.239***	0.232***	1.0000				
Lev	0.059***	0.042***	0.073***	0.019***	−0.049***	−0.0020	−0.010*	1.0000			
FA	−0.054***	−0.099***	0.188***	0.091***	0.056***	0.219***	0.077***	−0.0030	1.0000		
ROA	−0.031***	−0.062***	−0.051***	−0.056***	0.116***	−0.075***	0.117***	−0.056***	−0.100***	1.0000	
Cash	−0.097***	−0.060***	0.079***	0.059***	0.060***	0.066***	0.048***	−0.014***	0.284***	0.197***	1.0000

注：*** 表示在 1% 的水平上显著，** 表示在 5% 的水平上显著，* 表示在 10% 的水平上显著。

表 5 -4　　客户集中度与企业抵押借款金额

变量	(1) ColLoan	(2) ColLoan	(3) ColLoan	(4) ColLoan
CC	1.3421** (2.06)		0.4907 (0.92)	
Cusbig5		0.0000*** (3.08)		0.0866*** (2.59)
Size			-0.0839*** (-9.30)	-0.0714*** (-8.41)
SOE			-0.0654*** (-3.38)	-0.0892*** (-5.76)
Topshare			-0.0018*** (-3.38)	-0.0010** (-2.05)
Lev			0.204*** (4.91)	0.203*** (4.87)
FA			0.1146** (2.06)	0.1552*** (3.25)
ROA			-0.0203* (-1.79)	-0.2376** (-2.14)
Cash			-0.0496 (-1.26)	-0.0064 (-1.43)
Industry F. E	Yes	Yes	Yes	Yes
Year F. E	Yes	Yes	Yes	Yes
Constants	16.0290*** (40.76)	17.2278*** (56.38)	-7.8090** (-2.21)	-8.1236** (-2.37)
Observations	14,321	14,321	14,321	14,321
Adjusted R^2	0.227	0.257	0.303	0.307
F	15.27	14.83	12.79	12.11

注：括号内为 T 值，***，**，* 分别表示两个变量在 1%，5%，10% 的水平上显著相关。

表 5-5　　客户集中度与企业抵押借款比例

变量	(1) ColLoan_pc	(2) ColLoan_pc	(3) ColLoan_pc	(4) ColLoan_pc
CC	-0.0979 (-0.64)		-0.0699 (-0.46)	
Cusbig5		-0.0000 *** (-6.60)		-0.0000 ** (-2.09)
Size_lag			0.027 *** (4.15)	0.027 *** (4.17)
SOE_lag			-0.367 *** (-9.73)	-0.375 *** (-9.93)
Topsharelag			-0.0634 *** (-3.33)	-0.0587 *** (-3.14)
Lev_lag			0.367 *** (9.73)	0.375 *** (9.93)
FA_lag			-0.1241 (-0.91)	-0.1219 (-0.93)
ROA_lag			-0.2916 (-0.81)	-0.3453 (-0.99)
Cash_lag			-0.0700 (-1.55)	-0.0584 (-1.21)
Industry F. E	Yes	Yes	Yes	Yes
Year F. E	Yes	Yes	Yes	Yes
Constants	16.0290 *** (40.76)	17.2278 *** (56.38)	-7.8090 ** (-2.21)	-8.1236 ** (-2.37)
Observations	14,321	14,321	14,321	14,321
Adjusted R^2	0.045	0.045	0.045	0.045
F	15.27	14.83	14.92	12.11

注：括号内为 T 值，***，**，* 分别表示两个变量在 1%，5%，10% 的水平上显著相关。

表5－4和表5－5报告了主要控制变量的影响分析，结论基本与前人研究结论一致：（1）公司规模越大，抵押借款金额和比例越低，因为资产规模大的企业通常可抵押资产规模较大，盈利能力也更强，银行评估的信用违约风险较低，因此相对抵押借款占比也较低。同时，在我国大体量的企业大多具有国有资本背景，较少受制于融资难的困境，因此企业不会过度依赖抵押借款来获得债务融资；（2）财务杠杆Lev与抵押借款金额和比例显著正相关，因为财务杠杆衡量的是企业的负债水平及财务风险，银行对于高杠杆的企业会提高评估风险水平，因此要求企业提供抵押获得贷款，而更少提供信用借款；（3）企业的资产收益率ROA反映企业盈利能力，ROA越高，表明公司盈利能力越强，财务状况越稳定，财务风险和信用违约风险相对较低，则依赖抵押借款的程度越低。（4）公司的自由现金流水平Cash与抵押借款金额和比例显著负相关，现金流水平反映了企业流动性风险，企业现金流水平较低时，企业的财务风险和违约风险更高，银行为了降低信贷风险更倾向于提供抵押贷款。

5.4.3 稳健性检验

表5－4和表5－5的结果表明，客户集中度与企业依赖抵押借款的程度正相关。但是该结果仍可能不稳健，存在变量衡量偏误、内生性问题的可能性，本部分拟从改变以下几个方面检验上述结果的稳健性。

1. 按客户集中度高低分组

在假设H1成立的情况下，将客户集中度根据前5名客户销售占比之和的中位数作为区分客户集中程度的标准，高于中位数的样本归为高客户集中度组（CC_high），低于中位数的样本归为低客户集中度组（CC_low），分别回归并对两组回归结果的相关系数进行组间系数差异性检验。结果如表5－6所示：从模型（1）和模型（2）的差异性检验结果看，高客户集中度组与低客户集中度组差异并不显著，可能的原因是抵押借款金额还受到借款期限以及利率等因素影响，而本模型中由于没有用到单笔借款数据导致借款特征没有被控制；从模型（3）和模型（4）中能看出，高客户集中度的企业比低客户集中度的企业银行借款中抵押借款占比更高，且两者差异在1%的水平上显著。说明高客户集中度的企业想要获得银行借款，被要求提供抵押的可能性更大。

表 5-6　　高客户集中度与低客户集中度分组差异性检验

变量	(1) CC_high	(2) CC_low	(3) CC_high	(4) CC_low
ColLoan	2.6005 *	1.4576 *		
	(1.96)	(1.67)		
ColLoan_pc			0.0882 ***	0.0065
			(3.30)	(0.66)
Size	4.9997	0.1787	0.193	-0.0418
	(0.90)	(0.08)	(-1.13)	(-0.83)
SOE	4.1893 ***	2.3674 ***	0.0324	0.0418 **
	(4.18)	(4.65)	(-0.74)	(-2.14)
Topshare	0.1097	0.2685 ***	-0.0165 *	-0.0241 ***
	(0.57)	(2.72)	(-1.89)	(-8.70)
Lev	0.0225 **	-0.0124 **	0.0009	0.0009 ***
	(2.12)	(-2.34)	(1.60)	(8.18)
FA	0.1140	-0.0174	0.0057	-0.0036 **
	(0.90)	(-0.22)	(-0.74)	(-2.01)
ROA	0.5315	-0.4070 **	0.0198	-0.0075
	(1.62)	(-2.18)	(-1.28)	(-1.44)
Cash	2.1027 **	0.0157	0.0004	0.0002
	(2.07)	(0.04)	(-1.13)	(-0.05)
Industry F. E	Yes	Yes	Yes	Yes

续表

变量	(1) CC_high	(2) CC_low	(3) CC_high	(4) CC_low
Year F. E	Yes	Yes	Yes	Yes
Constants	16.0290*** (40.76)	17.2278*** (56.38)	-3.5252*** (-81.16)	-6.1627*** (-116.79)
Observations	14,321	14,321	14,321	14,321
Adjusted R^2	0.484	0.177	0.410	0.371

注：括号内为T值，***，**，*分别表示两个变量在1%，5%，10%的水平上显著相关。

2. Heckman两阶段回归

表5-7为Heckman两阶段回归的稳健性检验。根据数据特征发现，在全样本中还存在未应规披露客户信息的公司样本，为了排除可能的样本自选择问题，本部分在基础回归基础之上，使用Heckman两阶段回归方法检验了研究结论的稳健性。

根据Ellis等（2012）在第一阶段中设置客户信息披露的Probit模型，并计算出的逆米尔系数，在第二阶段中将该逆米尔系数代入基础模型中进行回归并观测结果。表5-7报告了将该逆米尔系数代入基础模型中进行回归的结果，发现客户集中度的回归系数大多在10%的水平上显著，表明样本自选择问题的存在，而本方法在一定程度上能够缓解样本自选择问题对研究结果的影响。可以看到，在第二阶段回归结果中，前5名客户销售占比合计数指标Cusbig5仍然显著为正，进一步证明了假设H1的稳健性。

表5-7　Heckman两阶段回归

变量	ColLoan_pc (1)	ColLoan_pc (2)	ColLoan_pc (3) Disc2=1	ColLoan_pc (4) Disc2=0
Cusbig5	0.0832*** (2.79)	0.0815*** (2.78)	0.0809** (2.34)	0.0192 (1.37)

续表

变量	ColLoan_pc (1)	ColLoan_pc (2)	ColLoan_pc (3) Disc2 = 1	ColLoan_pc (4) Disc2 = 0
Disc1		0.0283 (0.54)		
Lev	0.0353 ** (2.17)	0.0415 ** (2.05)	0.0632 ** (2.60)	0.0158 (0.49)
Growth	12.3253 *** (9.82)	12.4560 *** (9.14)	13.1349 *** (8.43)	11.1355 *** (4.66)
SOE	1.366 *** (3.74)	1.8832 *** (3.35)	2.7528 *** (4.18)	0.3326 (0.31)
FA	-0.0556 *** (-4.42)	-0.0851 *** (-3.47)	-0.0547 *** (-3.92)	-0.0093 ** (-2.03)
Size	0.0436 *** (5.33)	0.0437 *** (5.09)	0.0578 *** (6.13)	-0.0158 *** (-5.82)
ROA	0.4562 *** (5.47)	0.4325 *** (5.33)	0.4973 *** (4.41)	0.6289 *** (3.18)
Dual	0.0480 *** (2.73)	0.0725 *** (2.69)	0.0765 *** (2.93)	0.0192 (0.78)
Topshare	-0.0379 (-0.40)	-0.0459 (-0.31)	-0.0376 (-0.70)	-0.0541 (-0.47)
IMR	0.1618 *** (3.43)	0.1923 *** (3.98)	0.1872 *** (4.52)	0.0021 (0.37)
Industry F. E	Yes	Yes	Yes	Yes
Year F. E	Yes	Yes	Yes	Yes
Constants	-1.4566 *** (-4.55)	-1.1742 *** (-5.18)	-1.8084 *** (-8.42)	1.2570 *** (3.69)
Observations	11,078	11,078	7,693	3,385
Adjusted R^2	0.046	0.046	0.047	0.065
F	13.64	11.92	12.37	4.532

注：括号内为 T 值，***，**，* 分别表示两个变量在 1%，5%，10% 的水平上显著相关。

5.4.4 进一步分析

在前文基础上，可以发现当企业依赖少数客户时，会向银行传递风险信号。高客户集中度的企业在供应链上相对议价权较弱，易使客户在关系中占据主导地位，更有可能通过要求更优惠的产品价格、更高的品质等方式压榨企业利润空间，导致企业的盈利能力被削弱。在本部分，本书试图探讨国有产权性质能否为企业附加供应关系中的相对议价权。而专有性投资则进一步加强了客户在供应关系中的议价能力，基于企业的转换成本过高，客户更有可能借此侵占企业利益，导致企业面临的风险增加，进而使银行提高其抵押要求。

1. 产权性质对客户集中度和抵押借款关系的影响

已有研究发现，企业的产权性质对信用风险有显著影响，国有企业拥有政府的隐性担保，可以获得更多政府补助和政策扶持，盈利能力较为稳定，因此面临较少的融资约束。同时，银行也有较强意愿为国有企业发放贷款，收益较稳定且违约风险较低，国有企业与政府的关联更紧密，信贷资源更丰富，即使客户依赖性较强，更多的可能是导向性的资源配置。那么当具有较高客户集中度的借款企业是国有产权性质时，是否会影响前文研究所得出的关系是一个值得关注的问题。本部分引入产权性质与客户集中度衡量变量交乘的方式以期观测到产权性质在客户集中度与抵押借款影响关系中的调节效应。如表 5－8 所示，模型（1）和模型（2）的被解释变量都是抵押借款占比，分别采用前 5 名客户销售占比赫芬达尔指数 CC 和前 5 名客户销售占比综合 Cusbig5 两个变量衡量客户集中度作为解释变量，并加入国有产权性质哑变量，将其分别与客户集中度两个变量的交乘项。回归结果显示，产权性质与前 5 名客户销售占比综合 Cusbig5 的交乘项显著为负，说明国有企业的产权性质能在一定程度上缓解客户集中的风险效应，从而抑制客户集中增加银行对企业贷款抵押要求的趋势。

表 5－8　　产权性质对客户集中度和抵押借款的影响

变量	（1） ColLoan_pc	（2） ColLoan_pc
SOE × cus	－0.0115 （－1.37）	－0.0315 ** （－2.18）
SOE	－0.0037 （－0.69）	－0.0058 *** （－5.05）
CC	0.0268 ** （2.15）	
Cusbig5		0.0332 *** （3.27）
Size_lag	－0.0020 （－1.19）	－0.0007 （－1.25）
Topshare_lag	－0.0441 （－0.41）	－0.0011 *** （－2.72）
Lev_lag	－0.0205 ** （－2.19）	0.0200 *** （7.35）
FA_lag	－0.0155 （－1.18）	0.0052 （0.83）
ROA_lag	－0.0030 （－0.10）	－0.5532 *** （－4.81）
Cash_lag	2.1027 ** （2.07）	0.0157 （0.04）
Industry F. E	Yes	Yes
Year F. E	Yes	Yes
Constants	0.0630 （1.23）	0.0330 ** （2.17）
Observations	14,321	14,321
Adjusted R^2	0.1977	0.4782

注：括号内为 T 值，***，**，* 分别表示两个变量在 1%，5%，10% 的水平上显著相关。

2. 专有性投资对客户集中度和抵押借款关系的影响

客户集中度反映了企业对客户的依赖程度，如果企业依赖客户程度越高，则更有可能因为客户的经济联系进行专有性投资。随着契约关系越紧密，专有性投资的程度越高，而这类专有性投资的定制化程度更高，使企业资产的专用性更强，企业更容易陷入套牢风险。一方面，专有性投资高的企业，更容易在供应链关系中处于被动一方，客户可以利用这种紧密且专有的资产投入，对企业实施利益侵占，导致企业的盈利能力变弱，信用违约风险增加。另一方面，专有性投资的流动性较弱，甚至无法转换到其他客户的服务中，这样会限制企业的流动性，资产的抵押价值和清算价值都会下降，这会导致银行认定企业违约后的损失率较高，更可能提出更高的抵押要求。一旦客户关系中止，这类专有性投资无法变现或转化为其他客户契约服务，将给企业带来较高投资风险和更高的损失。因此本书推断，客户集中度较高的公司，如果专用性资产规模较大，银行会认为被评估企业的信用违约风险较高，同时违约后损失率也较高，从而对借款企业要求更高的风险溢价。在公司客户集中度高同时专有化投资越高时，流动性风险增加，银行评估企业的信贷风险会增加。综上所述，资产专用性进一步加剧了存在较高客户集中度企业的经营风险，降低了其资产清算价值，提高了银行面临的违约风险和违约后资本收回风险。本书利用固定资产占总资产占比衡量专有性资产投入程度，回归结果如表 5 - 9 所示。

表 5 - 9　资产专用性对客户集中度与银行借款成本关系的影响

变量	(1) ColLoan_pc	(2) ColLoan_pc
Customer × Specificity	1.0961**	1.1868
	(2.48)	(0.06)
Specificity	0.1763	0.1057
	(1.29)	(0.49)

续表

变量	(1) ColLoan_pc	(2) ColLoan_pc
Cusbig5	0.0362 * (1.68)	
CC		0.0092 (1.03)
SOE	-0.0049 (-1.51)	-0.0064 *** (-4.84)
Size	-0.0100 (-1.17)	-0.0005 (-0.72)
Lev	0.0210 ** (1.89)	0.0193 *** (7.01)
Growth	-0.0102 (-0.21)	-0.0027 (-0.59)
TobinQ	-0.0032 (-0.53)	-0.0050 (-0.76)
ROA	-0.0127 (-0.43)	-0.0563 *** (-3.72)
Topshare	0.0033 (0.33)	-0.0157 *** (-3.81)
Industry F. E	Yes	Yes
Year F. E	Yes	Yes
Constants	0.1472 (1.32)	0.1097 (1.60)
Observations	14,010	14,010
Adjusted R^2	0.2033	0.5113

注：括号内为 T 值，***，**，*分别表示两个变量在 1%，5%，10% 的水平上显著相关。

表 5-9 为专有性投资对客户集中度与银行抵押借款的影响的

回归结果。基本回归显示，客户集中度与抵押借款比例显著正相关，同时资产专用性与客户集中度交乘项系数正相关，前5名客户销售占比与资产专用性的交乘项在5%的显著性水平上与抵押借款比例正相关。结果验证了资产专用性比例高时，客户集中的风险会被强化，导致银行提高对客户的抵押要求。资产专用性比例高时，可抵押资产的价值高，但由于其专有性属性导致清算价值偏低，银行评估违约后价值回收风险较高。所以两者的作用相反，但结果显示专有性资产加剧了客户集中风险，说明专有性资产的投入过高会使银行评估企业的违约清算资产价值偏低，因此会要求更高的风险溢价，提高对借款企业的抵押要求。

5.5 本章小结

本章以2007—2017年沪深A股上市公司为样本，分别以前5名客户销售占比合计和前5名客户销售占比的赫芬达尔指数为解释变量，研究了客户集中度对企业抵押借款金额和比例的影响。研究结果表明：（1）客户集中度与抵押借款显著正相关，而且在进行了稳健性检验后，该结论仍然成立；（2）本章还进一步分析了产权性质和专有性投资对客户集中度和抵押借款关系的影响，与基本逻辑一致，国有企业因政府的隐性担保和预算软约束，使高客户集中度带来的信贷风险得以缓解，而专有化投资造成的关系专有性以及利益连带使客户流失，增加了企业的经营风险，进而增加了银行的抵押要求。

客户集中度反映了企业在供应链上对客户的依赖程度，根据企业客户信息披露规则，通常以企业对前5名客户销售金额占年度销售总额的比例衡量。客户集中会为企业带来稳定销售收入和稳定现金流，是降低未来收入不确定性的有效途径。但有研究也发现，过于依赖少数客户，表现为客户集中度比例过高，会为外部利益相关者传达风险信号。可能的原因是，当企业依赖少数客户时，相对议价权减弱，使客户在关系中占据主导地位，更有可能通过要求更优惠的产品价格、更高的品质等方式压榨企业利润空间，导致企业的盈利能力被削弱。在进一步分析中，本书发现，国有产权性质会为企业附加供应关系中的相对议价权，因此可以观测到对于国有性质的企业，高客户集中度带来的信贷风险会被削弱；而专有性投资则进一步加强了客户在供应关系中的议价能力，这类长期合约会导致企业受制于客户关系，专用性资产转换能力较弱。一旦客户关系中止，会对企业的经营业绩和现金流造成致命打击，基于企业的转换成本过高，客户更有可能借此侵占企业利益，导致企业面临的风险增加，进而使银行提高其抵押要求。

第6章 客户集中度与抵押借款的影响机制

6.1 问题引出

根据前文研究表明，客户信息能够对企业的抵押借款产生以下两个方面的影响：一方面，企业披露客户的销售金额、销售占比以及具体名称的行为本身为外部利益相关者传递了优质信息质量的信号，结论表明企业的客户信息披露程度越高，缓解信息不对称使银行评估企业的信贷风险会降低，从而降低对企业的抵押要求；另一方面，根据披露的客户信息内容刻画出的企业客户集中度越高，银行认为企业的信贷风险会越高。由此可见，客户信息本身对企业的影响是一把“双刃剑”，而在何种情形下企业能凭借信息披露为融资带来利好，在何种情形下需要警惕其产生的风险是一个值得关注的问题。因此，本章进一步剖析客户信息作用于抵押借款的传导路径。供应链协同效应是理想合作关系的目标，如果客户信息本身具有信号传递作用，那么协同的客户供应商关系也应该对企业具有更加积极的信号作用。如果大客户在供应链关系中过于强势，可能对企业利益进行侵占，那么银行会因为企业过于依赖少数重要客户而可能陷入被动的合作关系中认为企业具有更高的违约风险。因此，本章将从企业与客户的协同关系出发，分析客户集中对抵押借款的风险效应是否具有传导作用。在客户集中具有风险的预期下，倘若企业与客户是良性协同的合作关系，银行会倾向于认为此时企业能够从这样紧密的供应关系中获利，从而降低违约风险。

前人研究发现，主要客户的存在对企业而言是稳定盈利的保障。客户集中度高表明企业有稳定的销售渠道，服务于相对稳定的客户有助于企业将存货持有保持在高效且经济的水平，在存货周转能力提高的同时可以节约成本，提高资金的使用效率，进而提高企业的盈利能力（Ak 和 Patatoukas，2015），降低收入波动性，因此银行会降低对企业分风险评估及抵押要求。然而，客户集中也说明企业的经营收入对小部分客户具有依赖性，这种依赖性使得企业在供应关系中议价能力更弱，更可能会对降低销售价格、延长商业信用、产品专有性等要求妥协，此时稳定收入的红利可能由于不利的交易条款被抵消，甚至损失部分利益。因此可以发现，客户对企业的影响主要是通过交易关系的核心，也就是存货周转和商业信用两个方面产生的。而影响银行对借款企业违约风险评估的因素之一的稳定现金流在很大程度上受到应收账款回收效率和存货周转能力的影响。因此本书推断，客户通过影响企业经营活动进而影响其信贷风险，是银行借款担保条件的影响因素。

从第 5 章的研究结果发现，客户集中度与企业对抵押贷款的依赖性显著正相关，说明从银行角度来看，客户集中是信贷风险的因素之一。根据 Irvine（2015）提出的客户关系理论对客户集中度的正向和负向效应的作用，本书认为客户集中度对企业的影响也取决于企业与客户的合作关系。如果客户与企业保持良性合作的经济联系，企业会从主要客户获取稳定的收入，且商业信用良性周转，是否会缓解客户集中带来的风险效应呢？供应链协同效应的实现取决于企业与客户的良性合作和信息外部性，而这种协同关系能够提高供求双方的经济效益与资源配置，企业与客户的良性合作能避免存货囤积，加速存货周转，减少资金占用，使企业的偿债能力提高，所以有可能削弱客户集中对抵押贷款带来的风险效应。反之，如果企业在供应关系中处于被动一方，转换成本较高，则更可能在交易条款的签订中妥协，以更长的商业信用周期，更低的产品价格获得客户的青睐。企业往往为具有较高议价能力客户提供大量商业信用，而应收账款又被看作是借款合同中重要的流动性指标。如果企业无法及时收回应收账款，势必影响其现金流动，进而使银行面临较高的信贷违约风险，导致其在企业的借款合约中设置更严格的契约条款，如更高的抵押要求。客户关系性质可以影响企业的经营活动，而客户集中程度的刻画有助于银行利用这些私有信息评估企业的销售预测和现金流预测是否准确，借此评估企业的流动性风险和偿债能力，进而更好地评估企业信贷风险并设置更合理的贷款契约条款。所以，本书认为，企业对外披露的客户集中度会通过客户关系性质对企业抵押借款条件产生影响。

6.2 理论分析与假设提出

供应链上关系的良性与否也会对企业的抵押借款产生影响，同时客户对企业的影响应以客户关系稳定为前提（Fee 等，2006；Ling 等，2015），当客户构成波动较大时，个别客户对企业长期的影响甚微，因此银行进行信贷决策时对这类信息的参考意义不大。供应商和客户对未来关系持续性的较好预期以及较高的接触频率能促进双方合作，而不确定性则抑制双方合作（Heide 和 Miner，1992），也即关系持续有利于合作；与没有长期客户关系的供应商相比，具有长期客户关系的供应商与客户具有相同的成长性（Kalwani 和 Narayandas，1995），说明企业可以从持续性的集中客户关系中获得协同发展。客户与供应商间既可能相互支持又可能相互压榨。Li 和 Yang（2011）的研究发现，企业与客户关系越好，贷款利率与贷款抵押物越低，贷款期限越大，而且客户重要性与客户集中度强化了上述关系，但非良性的客户关系可能削弱甚至扭转上述关系。因此，高客户集中度对企业产生何种影响取决于企业与客户关系性质的好坏。

6.2.1　商业信用的影响

供应链上经济业务往来必然伴随商业信用的运用，其规模也揭示了企业在供应链上所处的地位和话语权。当供应企业在供应链上占主导地位时，能够将应收账款的规模和期限维持在一个更加合理的水平，保证资金流动性。倘若企业作为供应商在供应链上处于被动方，客户企业占据主导地位时，交易条款会更加符合客户企业的利益诉求，反映在商业信用上，就是供应企业的应收账款的金额更高，占营业收入的比例更大或周转周期更长。此时企业的流动性风险由于客户企业的占用而增加，流动资金不足带来的负面影响包括限制日常经营周转（Gosman，2004）以及偿债能力降低，必然导致银行对企业的风险评估上升。而更加严重的情况是，当客户企业自身的经营状况不佳时，会通过应收账款将财务风险传染到上游的供应企业，应收账款无法收回的风险骤增，此时银行通过企业披露的客户信息及客户集中度，能够更加敏感地识别到企业面临的违约风险，将会对企业设置更加严苛的贷款契约条款。已有研究证实，应收账款将企业与客户的财务状况紧密联系起来，对于应收账款比例较高的企业，其客户集中的风险会被放大导致权益资本成本的上升（Dhaliwal 等，2016），在客户遭遇财务困境时会导致企业自身陷入消极市场反应（Jorion 和 Zhang，2009）。应收账款，其本质是客户对企业资源的占用，在客户与企业日常经营中发挥的连接作用会使企业的经营业绩受到影响。

因此，本书参考 Dhaliwal 等的研究（2016），以应收账款占营业收入的比例刻画企业在客户关系中的地位。当应收账款比例较低时，说明企业与客户的议价能力相当，客户能够按期偿还商业信用，不会使企业受到过多的资源占用，良性合作能够使双方的经营效率和盈利能力提高。此时高客户集中度能反映企业的稳定且高质量销售渠道，客户集中的风险效应会被弱化，客户的收益效应更加显著，银行会降低对企业的风险评估。如果应收账款比例较高，则说明在供应链关系中企业更可能处于弱势一方，客户享受了高额的商业信用和较长的偿还期限，使企业面临流动性风险的可能性增加，导致银行会增加其对借款企业的风险评估，此时高客户集中度会被银行认定为高风险来源，从而对企业设置更加严格的抵押要求。

基于以上分析，本章提出如下假设：

H1：在其他条件相同的情况下，当应收账款比例较高时，客户集中度与抵押借款正向关系更显著；反之，两者的正向关系会被削弱。

6.2.2 存货周转率的影响

存货是企业与客户供应关系的核心，其持有水平在很大程度上取决于客户的需求，但良性合作的企业与客户能够达成信息共享，并根据客户需求制订生产计划。存货周转率能够体现企业的存货管理能力，同时也能反映企业与客户的供应链协同程度，是公司产品销售状况的主要衡量指标之一。已有研究发现，客户集中程度高的企业，存货周转率也显著提高（Patatoukas，2012），其主要原因是企业与客户达成良性合作时，能够通过信息共享获取客户需求。根据产品需求计划，企业可匹配高效且经济的生产计划以及推动产品升级，更好地服务于客户。由此可以看出，合作的客户关系对于供应链整体效率及收益有提升作用，可以形成良性循环，而及时获取的产品需求信息，有助于企业将存货水平维持在经济水平，加快存货周转率，降低存货管理成本和资产减值损失，也提高企业资产管理效率（Hsu 等，2015）。因此，当存货周转率较高时，可以认为企业与客户是良性合作关系；而当存货周转率较低时，说明企业与客户尚未达成良性合作，甚至可能揭示的是客户对企业利益的侵占。

基于以上分析，本章提出如下假设：

H2：在其他条件相同的情况下，当存货周转率较低时，客户集中度与抵押借款的正向关系更显著；反之，两者的正向关系会被削弱。

6.3 研究设计

6.3.1 样本选取及数据来源

本章试图检验存货周转、商业信用及经营风险对客户集中度与抵押借款正向关系的传导机制。样本期间和来源同第 4 章，样本期间为 2007—2017 年，财务数据来自 CSMAR 数据库，客户数据来自数据库中的财务报表附注，并通过手工整理得到。本章初始数据源于第 4 章最终得到 16,763 个样本观察值，并在此基础上加入了衡量客户关系的存货周转率和应收账款比例以及衡量市场竞争程度的变量，其中前两个指标直接来源于 CSMAR 数据库。同时，为了消除极端值的影响，将所有连续变量进行了 1% 的 Winsorize 缩尾处理。

6.3.2 模型设计与变量说明

客户信息应规披露的数量逐渐增加达到 80%，因此用整体样本回归的结果具有的经济含义不够显著。在本章中，本书只采用是否披露客户名称的变量 Disc2 进行回归，用前 5 名客户销售占比合计数 Cusbig5 和前 5 名客户销售占比的赫芬达尔指数衡量客户集中度，比较客户集中程度与抵押借款比例的回归系数在存货周转率高、存货周转率低两组之间的差异，以及应收账款占比高组与低组之间的差异。预期在反映客户关系较紧张的组内，即存货周转率较低组和应收账款占比较高组中，客户集中与抵押借款比例的回归系数更加显著。

$$ColLoan\_pc_{ikt} = \alpha_0 + \alpha_1 Disclosure_{it-1} + \alpha_2 Control_{ikt-1} + \sum Year + \sum Ind + \varepsilon_{ikt} \quad (1)$$

$$Relationship_{ikt} = \alpha_0 + \alpha_1 Cus_{it-1} + \alpha_2 Control_{ikt} + \sum Year + \sum Ind + \varepsilon_{ikt} \quad (2)$$

$$ColLoan\_pc_{ikt} = \alpha_0 + \alpha_1 Cus_{it-1} + \alpha_2 Relationship_{ikt} + \alpha_3 Cus * Relationship + \alpha_4 Control_{ikt} + \sum Year + \sum Ind + \varepsilon_{ikt} \quad (3)$$

主要变量的定义方式如表 6－1 所示，其他控制变量的定义在前文中已有列示，在此省略。

表 6－1　　变量定义

变量类型	变量符号	变量说明
被解释变量	ColLoan_pc	企业抵押借款比例＝抵押借款总额/银行借款总额
解释变量	CC	根据公司当年前 5 名客户销售份额计算的赫芬达尔指数
	Cusbig5	公司当年前 5 名客户销售总额/当年销售收入
控制变量	rInv	存货周转率指标。当年营业成本/当年平均存货，其中平均存货为当年期初余额与期末余额的平均值
	rRec	应收账款比例。当年应收账款余额/营业收入总额
	HHI_comp	市场竞争程度指标。$HHI = \sum (x_i/X)^2$，其中，x_i 表示公司 i 的营业收入，X 表示公司 i 所处行业的营业收入

6.4　实证检验

6.4.1　描述性统计

本章的被解释变量和解释变量与第4章相同，包含16,763个公司年度样本。表6-2列报了新增控制变量的描述性统计（未按照中位数划分）。结果显示：存货周转率rInv的均值为11.69，中位数为3.947，标准差为41.13，表明不同公司的存货周转能力差异较大，客户关系有分化；应收账款占比rRec的均值为0.374，中位数为0.176，标准差为0.215，最大值为0.837，最小值为0.003，由此可以看出商业信用在各公司样本之间也存在差异，能够刻画不同的客户关系状态。按照客户关系分组的年度样本量，存货周转率较低组有7,431个公司年度样本，较高组有6,962个公司年度样本；应收账款占比较低组有7,284个公司年度样本，较高组有6,716个公司年度样本。

表6-2　　　　新增变量描述性统计

变量	样本量	均值	标准差	中位数	最大值	最小值
rInv	16,763	11.69	41.13	3.947	271.6	0.207
rRec	16,763	0.374	0.215	0.176	0.837	0.003
CC	16,763	0.110	0.107	0.0732	0.631	0.018

6.4.2　相关系数表

表6-3为主要变量相关系数表。结果显示：（1）企业的抵押借款比例与前5名客户销售占比合计数指标Cusbig5正相关，说明客户越集中，企业更依赖以抵押方式获得银行借款；（2）企业的

表 6-3　　主要变量 Pearson 相关系数

变量	ColLoan_pc	Cusbig5	rInv	rRec	SOE	Growth	FA	Size	ROA	Dual	Topshare
ColLoan_pc	1										
Cusbig5	0.0343*	1									
rInv	0.0180	0.0210	1								
rRec	0.0659*	0.0368	0.0484*	1							
SOE	0.1348*	0.0062	-0.6835*	-0.0374	1						
Growth	0.0692*	0.0418*	-0.3158*	-0.2489*	0.4734*	1					
FA	0.0382	-0.0298	-0.1750*	-0.2208*	0.1192*	0.4570*	1				
Size	0.0263	-0.1492*	0.0462*	0.0442*	-0.0715*	-0.2572*	0.0662*	1			
ROA	0.0892*	-0.0370	-0.0849*	0.0216	0.1684*	0.0417*	-0.0432	0.0031	1		
Dual	0.0374*	-0.0002	0.0169	0.0653*	0.0450	0.0129	-0.0769*	-0.1450*	0.0298*	1	
Topshare	-0.0031	0.0548*	-0.0346*	0.0352	0.0715*	0.1401*	0.0051	-0.0384	0.0633*	0.004	1

注：*** 表示在 1% 的水平上显著，** 表示在 5% 的水平上显著，* 表示在 10% 的水平上显著。

前 5 名客户销售占比合计数指标 Cusbig5 与存货周转率 rInv 正相关，说明总体而言客户集中度越高企业的存货周转速度越快，但不显著；（3）企业的前 5 名客户销售占比合计数指标 Cusbig5 与应收账款占比 rRec 正相关，说明总体而言客户集中度越高企业的应收账款越多，但不显著，可能是由于不同客户关系的作用相互抵消，后文考虑按照变量高低分组讨论；（4）所有变量间回归系数不大，表明模型各变量之间不存在严重的共线性问题。

6.4.3　基础回归

在进行分组回归前，本书按照是否披露客户具体名称对样本进行分组，旨在观测信息披露的基础对抵押借款的影响，并在此样本中进行后续研究。表 6 - 4 为客户具体名称的信息披露程度对企业抵押借款比例影响的回归结果，具体而言，第（1）列与第 3 章基础回归相同；第（2）列则是加入了是否披露客户具体名称的指标 Disc1；第（3）列和第（4）列将样本根据 Disc2 进一步划分为“披露客户详细名称组”和“未披露客户详细名称”组。数据结果显示：第（3）列 Cusbig5 指标的系数显著为负，且系数绝对值高于第（1）列和第（2）列对应数值，而第（4）列 Cusbig5 指标的系数虽为负，但不显著。这说明，客户信息披露得越具体，债权人可以获取的有用信息越多，银行与企业之间的信息不对称越低，对企业的评估风险有所下降使企业通过抵押获取银行贷款的依赖性降低。

表 6 - 4　　客户集中度与企业抵押借款比例

变量	ColLoan_pc (1)	ColLoan_pc (2)	ColLoan_pc (3) Disc2 = 1	ColLoan_pc (4) Disc2 = 0
Cusbig5	0.0912 ** (2.25)	0.0457 (1.09)	-0.0854 * (-1.89)	-0.1168 (-1.57)

续表

变量	ColLoan_pc (1)	ColLoan_pc (2)	ColLoan_pc (3) Disc2 = 1	ColLoan_pc (4) Disc2 = 0
Disc1		0.0221 (0.31)		
Lev	0.0345 ** (2.24)	0.0438 ** (2.07)	0.0567 ** (2.58)	0.0233 (0.47)
Growth	12.0475 *** (8.35)	12.1159 *** (8.16)	13.7563 *** (7.64)	12.1081 *** (4.31)
SOE	1.4750 *** (3.21)	1.2980 *** (3.74)	2.5893 *** (4.12)	0.3570 (0.41)
FA	-0.0258 *** (-3.66)	-0.0648 *** (-3.46)	-0.0576 *** (-3.89)	-0.0793 * (-1.87)
Size	0.0425 *** (4.17)	0.0494 *** (4.58)	0.0559 *** (7.37)	-0.0932 *** (-3.14)
MB	0.0570 (1.34)	0.0379 (1.12)	0.0236 (0.37)	0.1256 * (1.74)
ROA	0.5912 *** (4.78)	0.4338 *** (4.68)	0.4098 *** (4.21)	0.7455 *** (3.18)
Dual	0.0379 ** (2.33)	0.0391 ** (2.21)	0.0338 *** (2.84)	0.0253 (0.29)
Topshare	-0.0478 (-0.32)	-0.0564 (-0.48)	-0.0419 (-0.44)	-0.0694 (-0.42)
Industry F. E	Yes	Yes	Yes	Yes
Year F. E	Yes	Yes	Yes	Yes
Constants	-0.8760 *** (-5.14)	-0.9509 *** (-5.37)	-1.5649 *** (-7.28)	1.1585 *** (3.26)
Observations	10,043	10,043	7,032	3,011
Adjusted R^2	0.053	0.056	0.051	0.048
F	13.11	12.89	12.03	8.287

注：括号内为T值，***，**，*分别表示两个变量在1%，5%，10%的水平上显著相关。

表6－5列示了存货周转率对客户集中与企业抵押借款比例关系作用机制的回归结果，表中仅列示主要解释变量，其他控制变量均已控制，可以看到模型中还控制了年度固定效应和行业固定效应。其中，第（1）和第（2）列以前5名客户销售占比的赫芬达尔指数作为解释变量，第（3）和第（4）列前5名客户销售总额占比作为解释变量；另外，第（1）和第（3）列是存货周转率低于中位数的样本，显示企业与客户协同效应较弱，第（2）和第（4）列是存货周转率高于中位数的样本，显示企业与客户协同效应较强。结果显示：客户集中度指标与抵押借款的正相关关系在第（2）、第（4）列中显著削弱，显著性水平为5%和1%。实证结果表明，存货周转较快表明企业与客户协同效应较强，此时银行认定客户集中带来的风险效应有所缓解，从而降低了企业对抵押借款的依赖性；而在第（1）、第（3）列，客户集中的系数不一致且不显著，表明当客户关系较紧张时，银行认定客户集中带来的风险效应可能被进一步强化，从而会增加企业的抵押要求。

表6－5　　存货周转率对客户集中与抵押借款比例的影响

变量	ColLoan_pc （1）rInv低	ColLoan_pc （2）rInv高	ColLoan_pc （3）rInv低	ColLoan_pc （4）rInv高
CC	-0.001 (-0.22)	-0.005** (-2.17)		
Cusbig5			0.553 (0.89)	-1.764*** (-2.66)
Control	Yes	Yes	Yes	Yes
Industry F. E	Yes	Yes	Yes	Yes
Year F. E	Yes	Yes	Yes	Yes
Observations	7,431	6,962	7,431	6,962
Pseudo R^2	0.3425	0.3601	0.3520	0.3596

注：括号内为T值，***，**，*分别表示两个变量在1%，5%，10%的水平上显著相关。

表 6－6 列示了应收账款比例对客户集中与抵押借款比例关系作用机制的回归结果。表中仅列示主要解释变量，其他控制变量均已控制，模型中同样控制了行业固定效应和年度固定效应。具体而言，第（2）和第（4）列分别对应应收账款比例较高组，第（4）列系数显著为负，表明当客户关系较紧张时，客户会占用企业经济资源，此时客户集中的风险被进一步加剧，导致银行加强对企业抵押贷款要求。第（1）和第（3）分别对应应收账款比例较低组，系数为负，虽不显著，但在一定程度上表明当客户关系为良性合作关系时，企业的经营效率提高，流动性有保障，良好的客户关系能缓解客户集中的风险效应，降低企业对抵押借款的依赖性。总之，本章中假设 H2 和假设 H3 被有效验证，说明以存货周转率和应收账款比例刻画客户关系状态时，协同合作的客户关系能够有效缓解银行对企业客户集中的风险评估，而紧张的客户关系可能进一步恶化客户集中增加抵押借款的正向关系。

表 6－6　应收账款占比对客户集中与抵押借款比例的作用机制

变量	ColLoan_pc （1）rRec 低	ColLoan_pc （2）rRec 高	ColLoan_pc （3）rInv 低	ColLoan_pc （4）rRec 高
CC	－0.002 （－0.71）	0.004* （1.66）		
Cusbig5			－0.996 （－1.47）	0.163* （1.90）
Control	Yes	Yes	Yes	Yes
Industry F. E	Yes	Yes	Yes	Yes
Year F. E	Yes	Yes	Yes	Yes
Control	Yes	Yes	Yes	Yes
Observations	7,284	6,716	7,284	6,716
Pseudo R^2	0.3603	0.3430	0.3779	0.3389

注：括号内为 T 值，***，**，* 分别表示两个变量在 1%，5%，10% 的水平上显著相关。

6.4.4 稳健性检验

基础回归结果显示，企业的客户信息披露质量越高，企业银行借款中抵押借款比例越低；同时，当企业与客户呈现出协同合作关系时，客户集中的风险效应能够得到缓解。但该结果可能存在内生性或样本自选择问题等问题。因此在此部分，本书做了两个稳健性检验，以证明假设的可靠性。

1. 改变抵押借款衡量方式

表 6－7 到表 6－9 中的回归改变了被解释变量的衡量方式，将经资产总额标准化后的抵押借款金额 ColLoan_std 作为被解释变量。表中仅列示了主要解释变量，其他控制变量不再赘述，模型中控制了年度固定效应和行业固定效应。

表 6－7 中的结果表明：第（3）列 Cusbig5 指标的系数显著为负，第（4）列 Cusbig5 指标的系数为正，但不显著。这说明，企业披露详细的客户信息时，银行与企业之间的信息不对称降低，信息获取成本下降，对企业的评估风险也有所下降。表 6－8 中的结果显示，客户集中度指标与抵押借款的正相关关系在第（2）、第（4）列中显著削弱，显著性水平为 5% 和 1%。实证结果表明：存货周转较快表明企业与客户协同效应较强，此时银行认定客户集中带来的风险效应有所缓解，从而降低了企业对抵押借款的依赖性；而在第（1）、第（3）列，客户集中的系数不一致且不显著，表明当客户关系较紧张时，银行认定客户集中带来的风险效应可能被进一步强化，从而会增加企业的抵押要求。表 6－9 中的结果表明，第（2）和第（4）列分别对应应收账款比例较高组，第（4）列系数显著为负，表明当客户关系较紧张时，客户会占用企业经济资源，此时客户集中的风险被进一步加剧，导致银行加强对企业抵押贷款要求。总之，在更换了抵押借款衡量方式后，研究结论基本上保持不变。

表 6－7　客户集中度与资产标准化抵押借款金额

变量	ColLoan_std (1)	ColLoan_std (2)	ColLoan_std (3) Disc2 = 1	ColLoan_std (4) Disc2 = 0
Cusbig5	0.1580*** (2.76)	－0.3245*** (－2.89)	－0.1692** (－2.67)	0.1278 (1.17)
Disc1		－0.0077 (－0.31)		
Control	Yes	Yes	Yes	Yes
Industry F. E	Yes	Yes	Yes	Yes
Year F. E	Yes	Yes	Yes	Yes
Constants	－1.5600*** (－5.73)	－1.2399*** (－5.31)	－1.6478*** (－6.34)	1.1449** (2.08)
Observations	10,043	10,043	7,032	3,011
Adjusted R^2	0.063	0.052	0.057	0.065
F	12.83	12.93	10.11	4.393

注：括号内为 T 值，***，**，*分别表示两个变量在 1%，5%，10% 的水平上显著相关。

表 6－8　存货周转率对客户集中与标准化抵押借款金额的影响

变量	ColLoan_std (1) rInv 低	ColLoan_std (2) rInv 高	ColLoan_std (3) rInv 低	ColLoan_std (4) rInv 高
CC	0.0025* (－1.83)	－0.0013** (－2.48)		
Cusbig5			0.056 (－1.12)	－0.2468*** (－2.80)
Control	Yes	Yes	Yes	Yes
Industry F. E	Yes	Yes	Yes	Yes
Year F. E	Yes	Yes	Yes	Yes
Observations	7,512	7,768	5,384	4,709
Pseudo R^2	0.1478	0.1592	0.1357	0.1388

注：括号内为 T 值，***，**，*分别表示两个变量在 1%，5%，10% 的水平上显著相关。

表 6－9　　应收账款比例对客户集中与抵押借款比例的影响

变量	ColLoan_std (1) rRec 低	ColLoan_std (2) rRec 高	ColLoan_std (3) rInv 低	ColLoan_std (4) rRec 高
CC	－0.0078 (－0.32)	0.0065** (2.44)		
Cusbig5			0.0612 (0.67)	0.2591** (2.45)
Control	Yes	Yes	Yes	Yes
Industry F. E	Yes	Yes	Yes	Yes
Year F. E	Yes	Yes	Yes	Yes
Observations	7,532	7,674	5,304	5,431
Pseudo R^2	0.1578	0.1726	0.1670	0.1582

注：括号内为 T 值，***，**，*分别表示两个变量在 1%，5%，10% 的水平上显著相关。

2. 关联客户的影响

客户集中度对企业信贷风险还可能受到关联方交易影响。关联方交易可能被企业利用来调整自身的财务状况和经营成果，此时财务信息可靠性不足，银行基于此类交易作出的授信审查及贷后管理很可能出现误判。如果企业披露的主要客户信息中关联方比例较高，那么依赖此类关联客户的借款企业会被银行认定信息不对称程度更高，因而提高抵押借款的要求。本书以前 5 名客户是否存在关联方的变量 Relation 加入客户集中度与企业抵押借款比例的模型进行回归，其中 Relation 为哑变量，当前 5 名客户中存在一个或多个关联方时取值为 1，否则取 0。回归结果如表6－10所示。

表 6-10 关联客户对客户集中与抵押借款比例的影响

变量	(1) ColLoan_pc	(2) ColLoan_pc	(3) ColLoan_pc	(4) ColLoan_pc
Relation × Customer	0.0374* (1.73)		0.0688** (2.29)	
Relation	0.0817* (1.65)		0.1276** (2.46)	
CC	0.1066 (1.29)	0.4907 (0.92)		
Cusbig5			0.0387* (1.91)	0.0866*** (2.59)
Control	Yes	Yes	Yes	Yes
Industry F. E	Yes	Yes	Yes	Yes
Year F. E	Yes	Yes	Yes	Yes
Observations	1,729	1,729	1,729	1,729
Pseudo R^2	0.1303	0.1257	0.1438	0.1307

注：括号内为 T 值，***，**，* 分别表示两个变量在 1%，5%，10% 的水平上显著相关。

如表 6-10 所示，第（1）、第（2）是以 CC 作为解释变量的回归结果，第（3）、第（4）列是以 Cucbig5 作为解释变量的回归结果，其中第（1）、第（3）列均加入衡量关联客户的替代变量 Relation 以及其与客户集中度变量的交乘项。回归结果发现，交乘项回归系数均在 10% 的水平上显著正相关，表明当前 5 名客户中存在关联方时，高客户集中度带来的风险效应被进一步放大，银行会因此在授信决策中提高对借款企业的抵押要求，表现为企业的银行借款中抵押借款的比例被升高。

3. 改变客户关系的衡量方式

以企业与客户关系是否持续且稳定作为衡量客户关系的替代变量。以单一客户企业连续两年出现在企业的客户信息披露中为条件，判定客户是否为企业的稳定客户。回归发现，稳定客户传递出的客户关系更紧密，其结果依然与前文一致。

6.4.5 进一步分析

在前文的研究基础之上，本部分在供应链之外，考察企业自身财务特征以及所处外部环境是否对客户集中的风险效应有所影响。基于前文研究，本书认为客户集中的风险效应主要来自客户关系状态，合作协同的客户关系能够保证稳定的营业收入和现金流，而紧张的客户关系则会导致企业的资源被客户占用从而面临流动性风险，因此本书认为企业自身的现金持有水平也会对客户集中在抵押借款中的风险效应产生影响。另外，产品市场竞争程度对企业与客户的关系也可产生决定性的影响，当市场竞争程度较高时，客户的转换成本较低，更容易出现客户流失风险，此时银行是否更强调客户集中的风险效应也是值得关注的问题。

1. 现金持有对客户集中和抵押借款的影响

客户能够从多个方面影响企业的生产经营、管理等，其中现金持有量占有重要的地位，客户集中度与现金持有的关系主要包括以下几点：第一，适当的客户集中度能够保障企业有稳定的营业收入，有助于企业形成稳定高收益的供应链、高 IPO 溢价和可持续发展的长期业绩等。第二，若客户集中度过高，将会使企业在交易过程中较被动，从而使企业议价能力降低，经营风险、财务风险等相应上升，利润下降，不利于企业的发展。第三，对于客户集中度较高的企业，大客户的破产或者供应链关系的中断将会对该企业的经营收入、利润、现金流量等产生较大的冲击。当客户对企业有一定的积极影响时，将有利于企业的盈利能力、财务风险、现金流的稳定性等发挥积极的效应，长期合作有助于企业间产业链整合和信息共享，也让处于这种长期关系链上的客户和供应商面临较高财务风险，出于保障动机考虑，拥有重要客户的企业将持有更多现金。

表6－11结果显示，企业的现金持有水平在客户集中度对抵押借款的影响中发挥了缓冲作用，即当客户集中度高时，企业可能会增加现金持有量，而现金增加在一定程度上能缓解企业信贷违约风险，使银行降低对借款企业的抵押要求。

表6－11　　现金持有对客户集中度与抵押借款的影响

变量	（1）ColLoan_pc	（2）ColLoan_pc
Customer × Cash	−0.1476*** (−5.61)	−0.0426*** (−7.63)
Cash	−0.3785** (−2.46)	−0.3263** (−2.53)
Custbig5	0.0912** (2.32)	
CC		0.0547** (5.38)
Control	Yes	Yes
Industry F. E	Yes	Yes
Year F. E	Yes	Yes
Observations	14,321	14,321
Pseudo R^2	0.356	0.513

注：括号内为T值，***，**，*分别表示两个变量在1%，5%，10%的水平上显著相关。

2. 市场竞争程度对客户集中度与抵押借款关系的影响

影响抵押借款的因素除了企业自身特征之外，还离不开外部环境的作用。由于供应链关系主要以制造业企业为主要样本，而产品市场特征也是影响企业财务状况的重要因素之一。Besanko和Thakor（1987）研究发现，企业所处市场的竞争水平也决定了企业是否使用抵押贷款的决策，同时也能显著影响债务融资成本。因此可以推论，即便企业之间的客户集中程度相似，但若身处的市场竞争程度差异较大，也有可能会导致不同的风险传导效应和差异化的信贷条款。企业的银行借款成本除了定量成本（利率、期限等）外，也包括定性的借款条件（信用或担保）及其他限制性条款。

一方面，在竞争程度较高的市场中，借款企业的违约风险更高，使银行不得不利用契约条款对冲信贷风险。市场竞争压力较大使企业在市场中的利润空间被压缩，如果自身的盈利能力不够强就容易造成短期的流动性风险增加，导致债务融资成本增加。竞争程度较高的市场也会呈现出行业内企业的差异化不显著的特征，因此客户在选择供应商时的转换成本较低，企业为了维持稳定的客户关系防止其他企业争夺客户，企业更可能会选择在交易条款中妥协，面临被客户侵占利益的风险。而此时客户集中程度较高的企业，对客户的依赖性更高，则会面临更大的关系维护成本，比如给予客户更优惠的交易条款、更多的商业信用和满足更多定制化需求，使企业在供应关系中处于被动地位，而一旦客户关系中断，造成的损失是关系到企业存亡的。因此在市场竞争程度较高的环境下，拥有较高集中度客户的企业会面临更大财务风险和违约风险，银行则会在企业的借款条约中设置更加严格的条款，增加企业贷款成本。

另一方面，高度的市场竞争会增加企业债务违约后银行的损失率。银行除了对企业自身的违约风险进行评估之外，设置抵押物要求在很大程度上是为了防范企业违约的价值补偿。而处于竞争程度较高的市场中，企业更有可能面临竞争者的挤兑和并购，资产价值会面临缩水的风险，直接导致企业的抵押物价值下降。此时银行会考虑到，贷款契约的事后违约风险升高，同时市场竞争使抵押物价值降低（Molina 等，2011）带来的潜在损失也增加。企业资产价值下降导致抵押物价值下降，使得银行信贷风险显著增加，提高贷款成本对冲风险。因此，在市场竞争激烈的环境下，客户集中风险会进一步被加剧，导致企业获得银行借款的成本上升；反之，所处市场竞争程度较低的企业，其客户集中的风险效应相对更弱，如果企业在行业中具有较强竞争力，那么高客户集中度更可能带来积极的收益效应。

综上所述，企业所处的市场竞争程度越高，客户集中度高的公司越容易面临争夺客户抢占市场的风险，导致盈利能力和流动性降低，债务违约风险增加，使企业在获得银行借款时更依赖抵押方式。然而，市场竞争导致资产价值下降，压低了抵押物价值，使银行在借款企业违约后价值回收缩水，导致设置更低的抵押率，要求更高价值的抵押资产。因此市场竞争程度在此，本书引入市场竞争程度指标，$HHI\_Comp = \sum (x_i/X)2$，其中，x_i 表示公司 i 的营业收入，X 表示公司 i 所处行业的营业收入。

市场竞争对客户集中度与银行抵押借款关系的调节作用的回归结果如表 6－12 所示。客户集中程度两个指标与企业对银行抵押借款的依赖程度呈显著正相关，同时市场竞争程度与客户集中度的交乘项系数也显著为正。表明如果从企业披露的信息中反映出客户集中程度高对于债权人而言是风险因素，当企业所处产品市场竞争程度较高时，这种风险效应会加剧，即客户会利用其在竞争市场中较强的议价能力对企业进一步压榨，因为企业会担心失去客户而妥协，导致利润受损，现金流受阻增加债务违约风险，银行会提高其抵押要求。同时受制于客户，企业在竞争程度较高的情况下，关系专有性投资会更高，同时导致转换客户成本过高，一旦客户中止关系，企业将面临巨大的破产风险，而由于企业的套牢风险较高，其经营风险也会导致债务违约风险的增加，如果资产流动性不足，其抵押物可配置性较差，银行则更有可能要求其提供更多抵押物并以较低的抵押率为企业提供贷款。综上可知，市场竞争程度越高，越不利于银行对企业进行风险评估，对于客户集中度高的借款企业会提高抵押要求，反映在借款企业上是抵押借款的占比显著增加。

表 6 - 12　　市场竞争对客户集中度与抵押借款的影响

变量	(1) ColLoan_pc	(2) ColLoan_pc
Custbig5	0.0538 *** (3.65)	
CC		0.0783 ** (2.18)
HHI_Comp	0.0322 (0.98)	0.0166 (0.68)
Customer × HHI_Comp	0.1476 ** (2.61)	0.3743 ** (2.12)
Control	Yes	Yes
Industry F. E	Yes	Yes
Year F. E	Yes	Yes
Observations	10,092	10,092
Pseudo R^2	0.1523	0.2193

注：括号内为 T 值，***，**，*分别表示两个变量在 1%，5%，10% 的水平上显著相关。

3. 企业经营风险对客户集中和抵押借款的传导效应

企业获得银行借款的能力取决于银行对企业的风险评估，而《贷款通则》明确指出，贷款人在作出贷款决策前应对企业的经营能力作出充分评估。建立在商业合同之上的买卖行为能够为双方带来真实的经济收益，客户集中度可以传递企业收入波动性较小的信号，同时客户与企业的资金往来可以传递企业财务是否健康的信号。但也有大量研究发现，客户集中对企业存在捆绑效应，强势大客户的议价能力很有可能使企业处于被压榨的一方。

客户是企业的重要收入来源，当客户的财务状况稳定、资金实力雄厚时，其拖欠款项的行为越少，这意味着供应商的应收账款回款越快、销售质量越高，资金的循环利用更加有效率。但客户集中度高的企业，首先，资源配置相对集中，资产专用性强，这种专有性投资会使企业尽力维系供应关系，同时也会使交易对方拥有更强的持续交易意愿。因此，较高的客户集中度能给企业带来更加稳定的供应链关系，这样的关系有利于银行评价企业未来业绩的稳定性，从而降低信贷评估风险，放宽贷款条件。其次，对于客户集中度较高的企业，银行在事后监督过程中，关注其大客户的经营状况，便可以及时识别并准确判断企业业绩可能受到的波及程度，银行便可以较低的信息成本有效监督借款企业及其供应链关系。再次，客户作为重要的利益相关者和经济资源，会给外部信息使用者传递信号。企业的商业模式受到供应链运作方式的极大影响，同时客户作为企业主要的营业收入来源，其构成了企业的战略组成部分。因此企业的风险也会受到企业所处供应链风险、上下游企业关系紧密程度，特别是客户企业的经营目标和业绩以及客户企业的财务风险的影响（Hertzel 等，2008；Patatoukas，2012）。因此，本书推论经营风险在客户集中度对抵押借款的影响中发挥传导效应。

经营风险的衡量采用两种方式：（1）当年及后两年的 ROA 的滚动标准差（SROA）；（2）借鉴王雄元和高开娟（2017）的研究，采用 t、t+1、t+2 共 3 年的销售收入对数的滚动标准差（Δsale）衡量收入的稳定性，该值越大表明公司的未来经营风险越大。

在前文已经验证客户集中度对企业抵押借款比例的显著正相关关系的基础之上，检验还需分为两步进行：第一步，将衡量经营风险的资产收益率滚动标准差和销售收入的 3 年期滚动标准差与客户集中度的两个代理变量进行回归。表 6-13 是对客户集中对未来 3 年经营风险的回归结果。模型中采用前文列示的控制变量，同时也控制了行业固定效应和年度固定效应。第（1）、第（2）列是以未来 3 年的销售收入的滚动标准差作为被解释变量的回归结果，第（3）、第（4）列是以未来 3 年的盈利能力的滚动标准差作为被解释变量的回归结果。结果显示，客户集中都在 5% 的水平以上与两种方式衡量的未来的经营风险显著正相关，表明客户集中确实增加了未来销售收入和盈利能力的波动性，增加了经营风险。

表 6－13　　客户集中度与经营风险

变量	(1) Δsale	(2) Δsale	(3) ΔROA	(4) ΔROA
Cusbig5	0.0231***		0.0012***	
	(5.33)		(2.56)	
CC		0.1076**		0.0145***
		(2.04)		(3.10)
ROA	-0.5164***	-0.4681***	-0.1337***	-0.0793***
	(-5.23)	(-4.43)	(-8.26)	(-6.09)
Size	-0.0146***	-0.0246***	-0.0154***	-0.0132***
	(-7.19)	(-7.23)	(-7.18)	(-5.74)
Lev	0.0123	0.0247	-0.0136	-0.0117
	(0.92)	(0.58)	(-0.30)	(-0.77)
cfo	0.0471*	0.0589**	-0.0115	-0.0190
	(1.68)	(1.02)	(-1.63)	(-0.28)
Tobinq	0.0180**	0.0145**	-0.0336	-0.0106
	(2.09)	(2.24)	(-0.84)	(-0.64)
Topshare	-0.0235	-0.226	0.0378***	0.0159**
	(-0.42)	(-1.18)	(4.33)	(2.20)
FA	0.0016*	0.0003	0.1770	0.0200
	(1.89)	(1.14)	(0.20)	(0.01)
Dual	-0.0074	-0.0152	0.0001	0.0005
	(-0.05)	(-0.26)	(0.14)	(0.35)
SOE	-0.0656***	-0.0366***	-0.0276***	-0.0287**
	(-3.72)	(-3.84)	(-3.69)	(-2.82)
Constants	1.1732***	1.3938***	0.0851***	0.9024***
	(8.66)	(7.43)	(8.04)	(9.37)

续表

变量	(1) Δsale	(2) Δsale	(3) ΔROA	(4) ΔROA
Industry Year F E	Yes	Yes	Yes	Yes
Observations	8,756	7,398	8,788	6,356
Adjusted R^2	0.0934	0.0973	0.142	0.184
F	28.1127	20.1458	32.3780	22.1643

注：括号内为T值，***，**，*分别表示两个变量在1%，5%，10%的水平上显著相关。

第二步，在模型1的基础上进一步加入经营风险的两个代理变量，并同时控制了行业固定效应和年度固定效应。表6-14报告了经营风险对客户集中和抵押借款的中介效应检验结果，其中客户集中度的两个代理变量分别加入两个经营风险代理变量，生成的4个回归模型如表6-14所示，可以看出在第（1）、第（2）列中，销售收入滚动标准差的回归系数显著为正，同时在表6-13中也与客户集中度的两个代理变量显著正相关，说明销售收入波动性是客户集中度影响抵押借款占比的中介变量。同理，当观测第（3）和第（4）列资产收益率波动性的检验结果也能发现，在加入了该变量作为解释变量的模型中，其回归系数仍然显著为正，说明了盈利能力的波动也是客户集中影响信贷风险的因素。综上所述，经营风险的增加是客户集中度影响银行对企业违约风险评估的因素之一。

表6-14　　经营风险在客户集中度与抵押借款中的中介效应检验

变量	(1) ColLoan_pc	(2) ColLoan_pc	(3) ColLoan_pc	(4) ColLoan_ pc
Δsale	0.0785*** (3.34)	0.0648* (1.93)		
ΔROA			2.3784*** (6.68)	2.5742*** (6.26)

续表

变量	(1) ColLoan_pc	(2) ColLoan_pc	(3) ColLoan_pc	(4) ColLoan_ pc
Cusbig5	0. 0021 (1. 37)		0. 0023 (1. 32)	
CC		0. 1230 (1. 48)		0. 0847 (1. 18)
ROA	0. 7502 *** (4. 65)	0. 6503 *** (3. 51)	0. 6920 *** (4. 38)	0. 5923 *** (3. 28)
Size	0. 0260 *** (3. 59)	0. 0212 *** (2. 66)	0. 0229 *** (3. 22)	0. 0177 ** (2. 25)
Lev	-0. 3519 *** (-7. 72)	-0. 4016 *** (-7. 84)	-0. 3612 *** (-8. 02)	-0. 4144 *** (-8. 21)
cfo	0. 1845 *** (3. 75)	0. 2146 *** (3. 84)	0. 1641 *** (3. 40)	0. 1943 *** (3. 55)
MB	-0. 0359 *** (-7. 51)	-0. 0422 *** (-7. 77)	-0. 0328 *** (-6. 82)	-0. 0390 *** (-7. 21)
Tobinq	-0. 0547 *** (-5. 06)	-0. 0535 *** (-4. 28)	-0. 0596 *** (-5. 47)	-0. 0571 *** (-4. 59)
Topshare	0. 0012 (0. 51)	0. 0001 (0. 21)	0. 0001 (0. 31)	0. 0060 (-0. 02)
FA	-0. 0043 (-0. 33)	0. 0043 (0. 02)	-0. 0045 (-0. 35)	0. 0007 (0. 04)
SOE	0. 0240 (0. 26)	-0. 0155 (-0. 34)	-0. 0341 (-0. 08)	-0. 0102 (-0. 58)
Constants	-0. 2400 (-1. 50)	-0. 109 (-0. 63)	-0. 157 (-1. 00)	-0. 0118 (-0. 07)
Industry Year F E	Yes	Yes	Yes	Yes
Observations	9,223	5,091	8,973	5,091
Pseudo R^2	0. 1743	0. 1644	0. 1954	0. 2327

注：括号内为 T 值，***，**，*分别表示两个变量在 1%，5%，10% 的水平上显著相关。

6.5 本章小结

本章以前一章为基础，在已知客户集中对银行而言是风险因素的基础上，研究在企业与客户不同的关系模式下，客户集中的风险是否会对银行的风险评估产生不同认知。企业的存货周转状况反映出客户与企业最直接的经济联系，而供应链上相对议价能力直接影响商业信用的产生与额度。因此，本章以存货周转率和应收账款占营业收入的比例衡量企业与客户的关系状况是协同合作关系还是利益侵占关系。当存货周转率较高或应收账款比例较低时，说明客户与企业之间形成了良性互动，供应链协同效应增强。实证结果表明，在良性的合作关系下，客户集中的风险效应得到缓解，其与抵押借款比例的正向关系被削弱。然而，当存货周转率较低或应收账款比例较高时，说明客户占有企业经济资源造成了两者间的关系紧张，此时客户集中的风险被进一步强化和放大，导致其与抵押借款的正向关系更加显著，说明银行认为客户集中且关系紧张时企业的信贷风险更高，而且这一结论在更换指标和样本后结果基本保持不变。

进一步考虑企业内部和外部市场环境特征，根据实证研究结果发现：第一，企业的现金持有水平在客户集中度对抵押借款的影响中发挥了缓冲作用，即当客户集中度高时，企业可能会增加现金持有量，流动性增加使银行降低了对借款企业的抵押要求；第二，当企业的外部产品市场竞争程度较高时，客户较高的议价权、企业过高的专有性投资和企业资产价值的降低都会导致企业面临流动性和盈利能力下降的风险，导致客户集中的风险被进一步强化，银行对处于高度市场竞争环境中高客户集中度的借款企业会提高抵押要求；第三，本章还检验了经营风险在客户集中度与抵押借款影响中的中介效应，结果发现客户集中会造成收入和资产周转率的波动性增加，进而增加抵押借款的占比，为客户集中的风险效应提供了进一步的证据。

以上结论说明，在客户信息对企业而言具有提高信息质量、降低抵押借款成本的积极影响下，客户集中程度却成为资金供给方认定的风险因素之一，其主要原因是当企业依赖少数客户时，会在一定程度上削弱自身在供应链上的议价权，为了维持稳定的客户及收入来源，损失部分利益。但如果企业进行高效的客户关系管理，最大程度与客户达成协同合作关系，有效提高存货周转率，将商业信用控制在一个合理水平上，降低企业的经营风险和流动性风险，则能有效地向银行传递积极信号，缓解客户集中带来的风险效应。由此对企业的启示是，在自身所处行业竞争程度较高时，尽可能避免过于依赖少数客户，倘若已经形成客户集中格局，则需要加强客户关系管理，提高现金持有水平，采用提高资产流动性等方式缓解关系捆绑产生的可能的风险。

第7章 研究结论与展望

7.1 主要结论

债务融资作为我国上市公司主要的资金融通渠道，是企业持续依赖的资源。信贷市场中无法避免的信息不对称导致了信用风险的产生。银行通常会同借款人制订一系列复杂的契约安排，通过监督和利益连带机制，缓解双方代理冲突。而在设计债务契约时，无论是识别代理问题，还是设计缓解代理冲突的机制都离不开良好的信息环境。在我国，70%以上的银行信贷都是通过抵押方式发放，因此研究降低抵押借款成本的影响因素对于企业而言尤其重要。银行作为资金供给方在制订贷款契约时，最关注的是借款企业的违约风险以及违约后的损失，如果借款者未能在借款合约签订前提供真实的信用信息或者在签订后无法履行合约，银行将面临较大的利益损失。为了更好地评估借款企业风险，银行除了关注企业自身财务信息之外，还会关注作为企业公开披露信息中的重要的利益相关者——客户的相关信息，包括具体客户对象、企业对其销售收入以及依赖程度，此类信息逐渐成为了商业银行授信工作中非财务因素分析的重要风险因素。

作为企业产品市场上重要的商业战略合作伙伴，主要供应链上下游企业与核心企业的经营活动都休戚相关，影响企业的战略决策，同样也会使企业在进行投融资决策时将其纳入考虑。企业披露的重要客户信息能够向外部市场上利益相关者传递企业具有高质量信息环境的积极信号，降低债权人的信息获取成本，有利于缓解信贷市场上借贷双方的信息不对称程度，进而降低债务融资成本。而在稳定且良性协作关系下的客户集中能够有效增强供应链协同效应，及时根据客户需求信息升级改造产品计划，有针对性地提高产品的市场竞争力；同时，从企业生产经营角度来看，稳定的客户关系在带来稳定的销售收入同时，有利于企业按需调整生产进度，有效缓解了存货囤积压力，进而使存货周转率有效提高，能够在降低公司经营风险的同时提高盈利能力。随着经营活动现金流量的稳定性增强，企业的偿债能力也能随之提高，银行等金融机构对企业评估的信贷风险可能下降，降低其契约条款的严格程度，如降低对抵押物的要求，于企业而言这是重要客户的正向效应。当企业披露的客户信息不足时，可能是由于其信息披露质量存在缺陷，或者由于市场竞争因素导致披露的意愿较低，也有可能使其客户相对分散从而导致没有符合条件的主要客户存在，但当债权人无法从企业公开披露的信息中获取有效的供应链信息时，必然会增加对借款企业的信息获取成本，不利于缓解信贷市场上信息不对称，可能导致债务融资成本的上升。而当客户集中但企业与客户关系较紧张时，企业的经营风险很有可能会由于强势客户的利益侵占而上升。例如，商业信用过高导致的现金流不足可能增加公司的财务风险，进而使包括银行在内的资金提供者对其评估的风险也随之增加。由于存在信息不对称，当债权人认为企业的客户集中是风险因素时，为了防范企业债务契约签订后道德风险的发生，会制订更加严格的契约条款，如提高利率、要求提供抵押物、降低贷款额度、缩短债务期限等。

本书以中国 A 股上市公司 2007—2017 年的数据为样本，探讨客户信息作为重要的外部非财务信息对企业获取抵押借款的影响。本书主要检验了3个问题：第一，企业披露客户信息是否能对银行发放抵押贷款的规模和要求产生影响，以验证客户信息的信号作用，良好的信息披露质量能否帮助企业以较低的成本获得融资；第二，关注企业披露的客户信息含量，根据公司报告中披露的向前5名客户销售金额及占比信息，可以检验企业的客户集中程度是否会影响银行对企业的风险评估，反映抵押借款的比例变化，其中需要探讨的重要问题就是客户集中从银行角度看来是借款企业稳定收入的来源还是可能被压榨利润的风险因素；第三，如果客户集中从银行角度看来确实能够影响其信贷决策，那么客户集中影响抵押借款的机制又是什么？结合客户信息披露和客户关系状态，考察在哪类子样本中客户集中与抵押借款的关系更显著，分析客户关系是否能缓解客户集中的风险效应，同时探究客户集中通过什么因素导致了其风险性质。

本书的研究发现：第一，企业在其公开披露信息中包含了客户信息，特别是客户具体名称，是提高其信息环境的有效方式，此举传递给债权人优质的信息披露质量和信息透明度高的信号，使银行在为其发放贷款时，对抵押的条件更低，这说明客户信息披露能改善企业的信息披露环境，缓解信息不对称程度，降低银行的评估风险及抵押要求；第二，从企业披露的客户相关信息中提取刻画客户集中程度的指标发现，客户集中显著增加了企业的抵押借款金额和比例，说明客户集中度较高时，银行认为企业面临更高的风险因而要求企业提供更多抵押以获得借款。其可能的原因是，从债权人角度认为，高客户集中度代表了企业对客户的依赖程度较高和在供应关系中更加弱势的议价权，而客户拥有相对更强的议价权更可能会通过协商签订更强势的交易合约损害企业的利益，同时企业对客户的依赖可能使企业面临更高程度的不确定性，受到压榨的盈利能力和增加的流动性风险，甚至是关系中止导致的破产风险都会造成银行对其的评估风险增加，因此银行会提高对企业的抵押要求以防范自身利益的损失；第三，客户集中影响抵押借款的机制研究表明，尽管客户集中从银行角度看来是风险因素，但优质的客户关系管理可以缓解这一风险。具体而言，当企业与客户呈现良性的协同合作关系时，能增强企业资产流动性，可以缓解客户集中带来的风险效应。然而，当客户关系较紧张表现出的企业高商业信用或存货周转较慢时，客户集中的风险效应被进一步强化，导致企业对抵押借款的依赖性更强。同时，厘清了高客户集中度的风险效应来自于企业经营风险的增加，进而导致银行对其发放贷款时的抵押更高，经营风险在客户集中与抵押借款的正相关关系中具有中介效应。

7.2　政策启示

7.2.1　对企业管理的建议

对企业而言，客户集中在很大程度上是企业进行供应链整合和资源配置的结果，目的是有效提高资源利用效率和生产经营效率，但本研究发现，过于集中的客户群可能导致企业面临更高的经营风险和财务风险。因此，上市公司在进行供应链关系管理时应当关注和控制客户的集中程度，及时调整供应链结构，避免由于过度依赖少数客户而使自身经营陷入被动的局面。面对客户，需要权衡其带来的推动收入以及促进存货周转的经营优势，保持高效运营，同时需要优化销售收入中不同客户的份额，降低被客户压榨的可能性。同时，企业自身的核心竞争力也是为其获取供应链上竞争优势的关键，在产品市场中依靠产品质量和创新能力才是避免过于依赖客户的战略方式，通过把握市场主动性规避客户方为企业带来的被动风险。除此之外，本书还对企业加强供应链关系管理的重要性提供支持，如果企业与客户达成有效的协同合作关系，客户的风险效应得到缓解的同时还有助于整个供应链的经济效益提高。

7.2.2 对债权人的建议

本书发现处在企业供应链下游的客户这一外部非财务利益相关者在信息不对称的信贷市场中具有一定的信息传导作用。对债权人来说，债务契约的签订和执行都需要依赖外部履约机制，对客户关系这一非正式制度的考察有助于更好地衡量企业信用风险。一方面，企业的客户信息披露有助于债权人从供应链角度获取专有信息，从而全方位了解企业现状和预测企业风险，同时也提示债权人对借款企业所处供应链的上下游企业均要予以关注，有助于更加全面地帮助债权人作出有效的信贷决策。另一方面，在关注客户集中程度的风险效应时，需要将客户关系这一重要因素列入考虑，因为协同合作的客户关系能够在很大程度上缓解客户集中的风险，甚至是供应链优化管理的结果。

7.2.3 对政策制定的建议

本书检验了客户信息与企业的债务融资方式是存在相关关系的，而融资成本的高低对于企业的经营以及投资活动都具有深刻影响。本书证明了客户信息披露能够显著降低银行对企业的风险评估，但其披露的客户信息集中程度是风险因素之一，说明客户信息对企业融资的影响可能是多维度的，如果能够获取有关企业客户的更多信息，是有助于债权人及其他利益相关者对企业的全方位认识的。证监会已经在上市公司信息披露准则中要求公司披露前5名客户的销售额占比，还要求公司在“重大风险提示”中披露客户依赖对企业经营目标和未来发展战略可能产生的风险因素，而且推动并鼓励企业披露客户具体名称及销售金额。这一方面证实了客户信息在资本市场中的有用性，另一方面还提示了更多的客户信息需求，例如可以考虑鼓励企业提示会计信息使用者关注企业所处供应链现状，披露供应商及客户关系的描述及指标、供应商及客户关系的持续时间、供应链上下游企业的经营情况对企业生产经营及财务带来的可能风险因素等。因此，政策制定者应当从信息供给角度鼓励披露有关企业供应链的更多信息，同时从信息需求角度维护资本市场参与者的权益，加强对客户信息的解读，使企业在债务融资过程中正确看待供应链关系，减少过度的负面影响。

7.3　研究的局限性

由于笔者有限的认知水平和时间精力等因素，本书还存在以下三方面的局限性有待拓展和深入研究。

第一，受限于抵押借款的契约条款无法充分获取，本书的研究未能深入探讨客户信息对抵押借款具体条款的影响，如抵押物价值与贷款金额的比例，即抵押率是否受到客户信息的显著影响，又如考虑抵押资产的特征等。也未能通过文书对贷款公告进行解构和提取，可能依然存在其他影响机制。

第二，在控制变量选取时，尽管控制了尽可能多的影响因素，但仍可能存在遗漏变量问题，在研究设计中虽然也采取了不同的方法拟缓解内生性，仍可能解决得不彻底。例如，根据数据描述可以发现仍存在企业没有按照证监会要求披露前5名客户销售合计的占比数据，是否可能存在样本的选择偏差。再如，模型中未能控制地区金融发展水平因素，该因素是否也可能对两者相关性产生影响。

第三，本书站在外部债权人视角看待供应链信息的作用，从客户信息角度展开，基于客户的信号作用，客户的特征如上市与否、产权性质、市场份额等尚未列入考虑，且并未通过同时考察企业对客户的销售占比和客户对企业的采购占比进行对比刻画两者的相对议价权。另外，供应链上游的供应商信息尚待研究，而且对于企业而言客户与供应商对企业的影响机制可能不尽相同。以上因素使本书的研究内容和方法尚存在一定局限性，亟待深入探究和检验。

7.4 未来展望

第一，基于更多渠道的信息披露，细化银行抵押借款契约的指标。例如，采用抵押借款利率、抵押物种类、抵押率、其他限定性条款等更加具体的代理变量，可以更加直观地反映抵押借款成本，从而增加研究对象的可靠性，提高研究结果的准确度。

第二，细化客户信息指标，拟更加全面地刻画客户信息的变量。可进一步分析企业披露客户具体名称的影响因素，根据客户名称获取客户关系持续年限，亦可通过客户中的上市公司获取客户企业的财务数据特征，分析客户自身的盈利能力、违约风险、对本企业的采购金额占比、相对议价权、形成供应关系前后对企业生产经营的影响等方面进行拓展和深入研究，检验这些信息的是否能影响债权人、投资者、分析师、审计师等外部利益相关者的经济决策。

第三，基于企业的客户信息披露有助于提高信息环境这一结论，后续研究可以探讨当企业与其客户同时成为或曾经是贷款银行的客户时，供应链信息的获取成本大大降低是否影响企业的债务融资成本。另外，研究也可扩展至上游供应商信息对企业的生产经营、融资成本或投资活动的影响。

第四，高客户集中度的风险效应已被验证，本书亦考虑客户是否为关联客户的影响，后续研究可进一步识别关联客户与非关联客户、关联供应商与非关联供应商的差别，因为关联关系对盈利独立性的评价也将产生不同影响。

参考文献

[1] 毕金玲，李嘉，许准琛．大客户会影响公司的资本成本吗？——来自中国制造业上市公司的经验证据［J］．财经问题研究，2018（01）：91－98.

[2] 曾凯，艾健明．资产可抵押性、融资约束与企业性质——基于制造业上市公司的经验研究［J］．会计之友，2015（20）：62－65.

[3] 陈宏明，张畅．上市公司客户集中度与盈利能力实证研究——来自创业板制造业的经验证据［J］．会计之友，2017（07）：37－41.

[4] 陈峻，王雄元，彭旋．环境不确定性、客户集中度与权益资本成本［J］．会计研究，2015（11）：76－82，97.

[5] 陈胜蓝，马慧．贷款可获得性与公司商业信用——中国利率市场化改革的准自然实验证据［J］．管理世界，2018（11）：108－120，149.

[6] 陈正林，王彧．供应链集成影响上市公司财务绩效的实证研究［J］．会计研究，2014（02）：49－56，95.

[7] 戴亦一，张俊生，曾亚敏，等．社会资本与企业债务融资［J］．中国工业经济，2009（08）：99－108.

[8] 董红晔，李小荣．商业信用与银行贷款的替代效应——基于控股股东代理问题的研究［J］．山西财经大学学报，2014（11）：25－35.

[9] 杜颖洁，杜兴强．银企关系、政治联系与银行借款——

基于中国民营上市公司的经验证据［J］. 当代财经，2013（02）：108－118.

［10］方红星，张勇. 供应商/客户关系型交易、盈余管理与审计师决策［J］. 会计研究，2016（01）：79－86，96.

［11］方宗，卜俊艳. 财务视角下供应商——客户关系研究综述［J］. 会计之友，2019（03）：36－40.

［12］高伟生. 大股东股权质押影响上市公司的银行贷款吗？［J］. 金融监管研究，2018（10）：49－64.

［13］郭斌. 企业债务融资方式选择理论综述及其启示［J］. 金融研究，2005（03）：145－157.

［14］郭富爱，李刚，靳燕娟. 客户/供应商集中度与盈余透明度［J］. 财会通讯，2016（33）：106－109.

［15］郭瑾，刘志远，彭涛. 银行贷款对企业风险承担的影响：推动还是抑制？［J］. 会计研究，2017（02）：42－48，96.

［16］何鸣，许先丛. 借款合同中的抵押担保问题［J］. 人民司法，1998（04）：14－15.

［17］后青松，袁建国，张鹏. 企业避税行为影响其银行债务契约吗——基于A股上市公司的考察［J］. 南开管理评论，2016（04）：122－134.

［18］黄覥宜，许坤. 企业产权异质性、贷款利率与信贷违约风险研究——基于银行信贷微观数据［J］. 经济体制改革，2018（01）：195－200.

［19］黄静思，宋河，宋新红. 供应链金融贷款风险识别与评价方法研究［J］. 金融理论与实践，2014（02）：46－49.

［20］黄秋萍. 供应商关系管理中的金融关系行为研究［J］. 南开管理评论，2014（04）：66－77.

［21］黄伟，陈钊. 外资进入、供应链压力与中国企业社会责任［J］. 管理世界，2015（02）：91－100，132.

[22] 吉利，陶存杰．供应链合作伙伴可以提高企业创新业绩吗？——基于供应商、客户集中度的分析［J］．中南财经政法大学学报，2019（01）：38－46，65，159.

[23] 姜军，申丹琳，江轩宇，伊志宏．债权人保护与企业创新［J］．金融研究，2017（11）：128－142.

[24] 江伟，底璐璐，刘诚达．商业信用与合作型客户关系的构建——基于提供给大客户应收账款的经验证据［J］．金融研究，2021（03）：151－169.

[25] 江伟，姚文韬．《物权法》的实施与供应链金融——来自应收账款质押融资的经验证据［J］．经济研究，2016（01）：141－154.

[26] 靳燕娟．基于财务视角的供应商/客户关系文献综述［J］．财会通讯，2016（19）：39－42.

[27] 雷蕾，史金召．供应链金融理论综述与研究展望［J］．华东经济管理，2014（06）：158－162.

[28] 李飞．商业银行开展供应链金融的相关思考［J］．财会月刊，2011（17）：34－36.

[29] 李刚，陈利军，刘国栋．会计信息可比性与债务融资——基于中国上市公司的实证分析［J］．中国注册会计师，2015（03）：68－74.

[30] 李欢，李丹，王丹．客户效应与上市公司债务融资能力——来自我国供应链客户关系的证据［J］．金融研究，2018（06）：138－154.

[31] 李茫茫，王红建，李青原．金融危机、天量信贷与银行债务契约——来自我国上市公司的经验证据［J］．经济评论，2016（04）：129－140，160.

[32] 李青原，王红建．货币政策、资产可抵押性、现金流与公司投资——来自中国制造业上市公司的经验证据［J］．金融研

究，2013（06）：31－45.

[33] 李维安，李勇建，石丹．供应链治理理论研究：概念、内涵与规范性分析框架［J］．南开管理评论，2016（01）：4－15，42.

[34] 李艳君，欧阳令南，陈巧琳．抵押、贷款合约与借款人行为［J］．上海交通大学学报，2006（04）：697－700.

[35] 李艳平，陈正林，朱忆琳．企业供应商、客户关系及供应链整合对现金持有量的影响［J］．统计与决策，2016（14）：171－174.

[36] 李振东，马超．供应商集中度与企业外部融资约束［J］．经济问题，2019（08）：27－35.

[37] 李志刚，施先旺，高莉贤．企业社会责任信息披露与银行借款契约——基于信息不对称的视角［J］．金融经济学研究，2016（01）：106－116.

[38] 李转运，李拥，李军．抵押担保贷款：中外比较研究［J］．农村金融研究，2001（04）：25－29.

[39] 连军，刘星，杨晋渝．政治联系、银行贷款与公司价值［J］．南开管理评论，2011（05）：48－57.

[40] 梁鸿飞．西方信贷融资担保理论［J］．北京大学学报（哲学社会科学版），2003（01）：57－62.

[41] 廖义刚，张玲，谢盛纹．制度环境、独立审计与银行贷款——来自我国财务困境上市公司的经验证据［J］．审计研究，2010（02）：62－69.

[42] 林志伟．非标意见与债务融资——基于银行借款和债务期限结构的经验证据［J］．证券市场导报，2011（10）：31－36.

[43] 林钟高，郑军，彭琳．关系型交易、盈余管理与盈余反应——基于主要供应商和客户视角的经验证据［J］．审计与经济研究，2014（02）：47－57.

［44］刘建秋，贺敏．企业社会责任、客户集中度与权益资本成本［J］．财会通讯，2019（09）：113－116.

［45］刘文军，曲晓辉．银行真的能识别盈余管理吗？——基于银行借款合约的研究［J］．会计与经济研究，2014（04）：33－45.

［46］刘彦，毕新华．供应链节点企业组织间关系研究［J］．中央财经大学学报，2009（05）：59－62，68.

［47］柳芳红．供应链企业组织间的关系：基于资源依赖的视角［J］．新经济，2014（32）：2－3.

［48］陆正飞，祝继高，孙便霞．盈余管理、会计信息与银行债务契约［J］．管理世界，2008（03）：152－158.

［49］吕怀立，赵琳琳．供应商与客户关系研究述评——基于公司财务视角［J］．会计之友，2016（18）：28－31.

［50］孟庆玺，白俊，施文．客户集中度与企业技术创新：助力抑或阻碍——基于客户个体特征的研究［J］．南开管理评论，2018（04）：62－73.

［51］牛晓健，郭东博，裘翔．供应链融资的风险测度与管理——基于中国银行交易数据的实证研究［J］．金融研究，2012（11）：138－151.

［52］彭旋．上市公司客户信息披露的现状及影响因素研究［J］．会计之友，2016（10）：66－69.

［53］沈永建，徐巍，蒋德权．信贷管制、隐性契约与贷款利率变相市场化——现象与解释［J］．金融研究，2018（07）：49－68.

［54］唐建新，卢剑龙，余明桂．银行关系、政治联系与民营企业贷款——来自中国民营上市公司的经验证据［J］．经济评论，2011（03）：51－58，96.

［55］唐莹，邓超．银行信任视角下我国小微企业的信贷约束研究——基于问卷调查的实证分析［J］．经济理论与经济管理，2018（12）：47－56.

[56] 王爱群，贺子聪，王艺霖．管理层讨论与分析信息含量对银行贷款契约的影响研究——以创业板上市公司为例 [J]．江西财经大学学报，2019 (03)：40 -52.

[57] 王迪，刘祖基，赵泽朋．供应链关系与银行借款——基于供应商/客户集中度的分析 [J]．会计研究，2016 (10)：42 -49，96.

[58] 王磊，伍新木．论抵押在存在非对称信息的信贷市场中的作用 [J]．经济评论，2002 (03)：85 -87.

[59] 王鲁平，毛伟平．银行借款、商业信用与公司投资行为 [J]．西安交通大学学报（社会科学版），2009 (01)：6 -11.

[60] 王璐，余丽霞，温文．银行借款与公司业绩相互关系的研究——以银企债权关系为视角 [J]．会计之友，2014 (23)：54 -60.

[61] 王雄元．客户集中度、专有化投资与企业营运资金粉饰行为 [J]．会计之友，2016 (15)：2 -8.

[62] 王雄元，高开娟．客户集中度与公司债二级市场信用利差 [J]．金融研究，2017 (01)：130 -144.

[63] 王雄元，彭旋．稳定客户提高了分析师对企业盈余预测的准确性吗？[J]．金融研究，2016 (05)：156 -172.

[64] 王雄元，喻长秋．专有化成本与公司自愿性信息披露——基于客户信息披露的分析 [J]．财经研究，2014 (12)：27 -38.

[65] 王彦超，姜国华，辛清泉．诉讼风险、法制环境与债务成本 [J]．会计研究，2016 (06)：30 -37，94.

[66] 肖作平，张樱．终极控制股东，社会资本与银行贷款契约——来自中国上市公司的经验证据 [J]．证券市场导报，2016 (04)：35 -48，61.

[67] 谢芳，李俊青．环境风险影响商业银行贷款定价吗？——基于环境责任评分的经验分析 [J]．财经研究，2019

(11): 57-69, 82.

[68] 徐慧华, 杨雄. 财务困境中的CEO权力和银行贷款——基于中国ST上市公司的实证分析 [J]. 财务与金融, 2017 (04): 24-29.

[69] 徐玉德, 陈骏. 上市公司违约风险、盈余质量与银行信用借款——基于沪深A股市场的经验研究 [J]. 证券市场导报, 2011 (02): 38-43.

[70] 许金叶, 许玉琴. 客户集中度、技术创新投入与债务融资成本 [J]. 财会通讯, 2019 (18): 107-111.

[71] 易雪辉, 周宗放. 基于供应链金融的银行贷款价值比研究 [J]. 中国管理科学, 2012 (01): 102-108.

[72] 殷枫. 供应商—客户关系对公司行为影响的文献综述 [J]. 会计之友, 2016 (03): 8-13.

[73] 尹兴宽. CEO变更、会计信息不确定性与银行贷款 [J]. 财会月刊, 2017 (02): 10-16.

[74] 尹志超, 甘犁. 信息不对称、企业异质性与信贷风险 [J]. 经济研究, 2011 (09): 121-132.

[75] 于博, 毛玄, 吴菡虹. 客户集中度、融资约束与股价崩盘风险 [J]. 广东财经大学学报, 2019 (05): 62-75.

[76] 余明桂, 潘红波. 政治关系、制度环境与民营企业银行贷款 [J]. 管理世界, 2008 (08): 9-21, 39, 187.

[77] 张敏, 马黎珺, 张胜. 供应商—客户关系与审计师选择 [J]. 会计研究, 2012 (12): 81-86, 95.

[78] 张晓玲, 陈晓丹. 银行信贷过程中债务契约需求特征分析 [J]. 统计与决策, 2012 (13): 164-167.

[79] 张晓玫, 宋卓霖. 保证担保、抵押担保与贷款风险缓释机制探究——来自非上市中小微企业的证据 [J]. 金融研究, 2016 (01): 83-98.

[80] 张樱. 社会资本、产品市场竞争与银行贷款融资 [J]. 山西财经大学学报, 2017 (01): 28-39.

[81] 章铁生, 章菊. 供应商/客户关系对企业银行借款能力的异质性影响 [J]. 安徽工业大学学报 (社会科学版), 2018 (04): 3-8.

[82] 赵自强, 周誉, 李永奇. 供应链集中度与成本结构 [J]. 审计与经济研究, 2019 (01): 55-65.

[83] 郑军, 林钟高, 徐德信. 供应商关系的公司价值鉴证效应 [J]. 财经研究, 2016 (06): 121-132.

[84] 周莎莎. 债务契约理论综述 [J]. 财会通讯, 2011 (33): 114-117.

[85] 祝继高, 陆正飞, 张然. 银行借款信息的有用性与股票投资回报——来自A股上市公司的经验证据 [J]. 金融研究, 2009 (01): 122-135.

[86] 中国银行保险监督管理委员会网站,《商业银行授信工作尽职指引》(银监发〔2004〕51号), 2004年7月.

[87] 蓝虹, 穆争社. 抵押、担保机制的功能及效果的博弈分析 [J]. 财经论丛 (浙江财经学院学报), 2004 (04): 35-40.

[88] 平新乔, 杨慕云. 信贷市场信息不对称的实证研究——来自中国国有商业银行的证据 [J]. 金融研究, 2009 (03): 1-18.

[89] AFFINITO M. Do interbank customer relationships exist? And how did they function in the crisis? Learning from Italy [J]. Journal of Banking & Finance, 2012, 36 (12): 3163-3184.

[90] AGARWAL S, et al.. Collateral pledge, sunk-cost fallacy and mortgage default [J]. Journal of Financial Intermediation, 2015, 24 (4): 636-652.

[91] ALLEN L, Gottesman A, Peng L. The impact of joint par-

ticipation on liquidity in equity and syndicated bank loan markets [J]. Journal of Financial Intermediation, 2012, 21: 50 – 78.

[92] ALMEIDA, CUNHA, FERREIRA, RESTREPO. The Real Effects of Credit Ratings: The Sovereign Ceiling Channel [J]. The Journal of Finance, 2017, 72: 249 – 290.

[93] ALTUNBAŞ, FAZYLOV, MOLYNEUX. Evidence on the bank lending channel in Europe [J]. Journal of Banking & Finance. 2002, 26: 2093 – 2110.

[94] BAKAR I, KHAN A, MATHER P, et al.. Corporate boards and performance pricing in private debt contracts [J]. Pacific – Basin Finance Journal, 2018, 50: 144 – 162.

[95] BARUCCI, MATTESINI. Bank shareholding and lending: Complementarity or substitution? Some evidence from a panel of large Italian firms [J]. Journal of Banking & Finance, 2008, 32: 2237 – 2247.

[96] BAYLIS R, BURNAP P, CLATWORTHY M, et al.. Private lenders' demand for audit [J]. Journal of Accounting and Economics, 2017 (64): 78 – 97.

[97] BEGLEY J, FELTHAM G. An empirical examination of the relation between debt contracts and management incentives [J]. Journal of Accounting and Economics, 1999, 27: 229 – 259.

[98] BERG T, SAUNDERS A, STEFFEN S. The Total Cost of Corporate Borrowing in the Loan Market: Don't Ignore the Fees [J]. The Journal of Finance, 2016, 71: 1357 – 1392.

[99] BERGER A, BLACK L. Bank size, lending technologies, and small business finance [J]. Journal of Banking & Finance, 2011, 35: 724 – 735.

[100] BERGER A, KLAPPER L, UDELL G. The ability of

banks to lend to informationally opaque small businesses [J]. Journal of Banking & Finance, 2001, 25: 2127 - 2167.

[101] BHASKAR L, KRISHNAN G, YU W. Debt Covenant Violations, Firm Financial Distress, and Auditor Actions [J]. Contemporary Accounting Research, 2017, 34: 186 - 215.

[102] BLAZY R, MARTEL J, NIGAM N. The choice between informal and formal restructuring: The case of French banks facing distressed SMEs [J]. Journal of Banking & Finance, 2014, 44: 248 - 263.

[103] BOLT W, HUMPHREY D. Assessing bank competition for consumer loans [J]. Journal of Banking & Finance, 2015, 61: 127 - 141.

[104] PATTI E, SETTE E. Did the securitization market freeze affect bank lending during the financial crisis? Evidence from a credit register [J]. Journal of Financial Intermediation, 2016, 25: 54 - 76.

[105] BONIN J, IMAI M. Soft related lending: A tale of two Korean banks [J]. Journal of Banking & Finance, 2007, 31: 1713 - 1729.

[106] BOOTH J, BOOTH L. Loan Collateral Decisions and Corporate Borrowing Costs [J]. Journal of Money, Credit and Banking, 2006, 38: 67 - 90.

[107] BREI M, SCHCLAREK A. A theoretical model of bank lending: Does ownership matter in times of crisis? [J]. Journal of Banking & Finance, 2015, 50: 298 - 307.

[108] BREZA E, LIBERMAN A. Financial Contracting and Organizational Form: Evidence from the Regulation of Trade Credit [J]. The Journal of Finance, 2017, 72: 291 - 324.

[109] BROWN J, EARLE J. Finance and Growth at the Firm Level: Evidence from SBA Loans [J]. The Journal of Finance, 2017, 72: 1039 - 1080.

[110] BUSHMAN R, WILLIAMS C. Accounting discretion, loan loss provisioning, and discipline of Banks' risk - taking [J]. Journal of Accounting and Economics, 2012, 54: 1 - 18.

[111] CAMPELLO M, GAO J. Customer concentration and loan contract terms [J]. Journal of Financial Economics, 2017, 123: 108 - 136.

[112] CARLETTI E, CERASI V, DALTUNG S. Multiple - bank lending: Diversification and free - riding in monitoring [J]. Journal of Financial Intermediation, 2007, 16: 425 - 451.

[113] CARTER D, MCNULTY J. Deregulation, technological change, and the business - lending performance of large and small banks [J]. Journal of Banking & Finance, 2005, 29: 1113 - 1130.

[114] CASSAR G, ITTNER C, CAVALLUZZO K. Alternative information sources and information asymmetry reduction: Evidence from small business debt [J]. Journal of Accounting and Economics, 2015, 59: 242 - 263.

[115] CHANG R, FERNÁNDEZ A, GULAN A. Bond finance, bank credit, and aggregate fluctuations in an open economy [J]. Journal of Monetary Economics, 2017, 85: 90 - 109.

[116] CHEN J, SU X, TIAN X, XU B. Does Customer - base Structure Influence Managerial Risk - taking Incentives? [J]. Journal of Financial Economics, 2022, 143: 462 - 483.

[117] CHEN M, et al.. Do foreign banks take more risk? Evidence from emerging economies [J]. Journal of Banking & Finance, 2017, 82: 20 - 39.

[118] CHEN, X., et al.. Quality of information disclosure, property rights, and bank loans: A bank heterogeneity perspective [J]. China Journal of Accounting Research, 2019, 12: 63 -92.

[119] CHENG C, ESHLEMAN J. Does the market overweight imprecise information? Evidence from customer earnings announcements [J]. Review of Accounting Studies, 2014, 19: 1125 -1151.

[120] CULL R, MARTÍNEZ M. Bank ownership and lending patterns during the 2008—2009 financial crisis: Evidence from Latin America and Eastern Europe [J]. Journal of Banking & Finance, 2013, 37: 4861 -4878.

[121] DAWKINS M. Simultaneity bias in mortgage lending: A test of simultaneous equations models on bank - specific data [J]. Journal of Banking & Finance, 2002, 26: 1593 -1613.

[122] DELGADO J, SALAS V, SAURINA J. Joint size and ownership specialization in bank lending [J]. Journal of Banking & Finance, 2007, 31: 3563 -3583.

[123] DELIS M, KOURETAS G, TSOUMAS C. Anxious periods and bank lending [J]. Journal of Banking & Finance, 2014 (38): 1 -13.

[124] DEMERJIAN P, OWENS E. Measuring the probability of financial covenant violation in private debt contracts [J]. Journal of Accounting and Economics, 2016, 61: 433 -447.

[125] DEMIROGLU C, JAMES C. The Information Content of Bank Loan Covenants [J]. The Review of Financial Studies, 2010 (23): 3700 -3737.

[126] DHALIWAL D, JUDD J, SERFLING M, et al.. Customer concentration risk and the cost of equity capital [J]. Journal of Accounting and Economics, 2016, 61: 23 -48.

[127] DYRENG S, VASHISHTHA R, WEBER J. Direct Evidence on the Informational Properties of Earnings in Loan Contracts [J]. Journal of Accounting Research, 2017, 55: 371 - 406.

[128] EATON J. Lending with costly enforcement of repayment and potential fraud [J]. Journal of Banking & Finance, 1986, 10: 281 - 293.

[129] FALATO A, LIANG N. Do Creditor Rights Increase Employment Risk? Evidence from Loan Covenants [J]. The Journal of Finance, 2016, 71: 2545 - 2590.

[130] FAVARA G, GIANNETTI M. Forced Asset Sales and the Concentration of Outstanding Debt: Evidence from the Mortgage Market [J]. The Journal of Finance, 2017, 72: 1081 - 1118.

[131] FERRI G, KALMI P, KEROLA E. Does bank ownership affect lending behavior? Evidence from the Euro area [J]. Journal of Banking & Finance, 2014, 48: 194 - 209.

[132] FIRTH M, LIN C, LIU P, et al.. Inside the black box: Bank credit allocation in China's private sector [J]. Journal of Banking & Finance, 2009, 33: 1144 - 1155.

[133] FRANCIS B, HUNTER D, ROBINSON D, et al.. Auditor Changes and the Cost of Bank Debt [J]. The Accounting Review, 2017, 92: 155 - 184.

[134] FREDRIKSSON A, MORO A. Bank - SMEs relationships and banks' risk - adjusted profitability [J]. Journal of Banking & Finance, 2014, 41: 67 - 77.

[135] GE W, KIM J, SONG B. Internal governance, legal institutions and bank loan contracting around the world [J]. Journal of Corporate Finance, 2012, 18: 413 - 432.

[136] GERLACH, S, PENG W. Bank lending and property

prices in Hong Kong [J]. Journal of Banking & Finance, 2005, 29: 461 - 481.

[137] GISSLER S, OLDFATHER J, RUFFINO D. Lending on hold: Regulatory uncertainty and bank lending standards [J]. Journal of Monetary Economics, 2016, 81: 89 - 101.

[138] GOLDBERG L, WHITE L. De novo banks and lending to small businesses: An empirical analysis [J]. Journal of Banking & Finance, 1998, 22: 851 - 867.

[139] GRIFFIN J, MATURANA G. Did Dubious Mortgage Origination Practices Distort House Prices? [J]. Review of Financial Studies, 2016, 29: 1671 - 1708.

[140] GUAN Y, WONG M, ZHANG Y. Analyst following along the supply chain [J]. Review of Accounting Studies, 2015, 20: 210 - 241.

[141] GUPTA A, SINGH A, ZEBEDEE A. Liquidity in the pricing of syndicated loans [J]. Journal of Financial Markets, 2008, 11: 339 - 376.

[142] HUI K, LIANG C, YEUNG P. The effect of major customer concentration on firm profitability: competitive or collaborative? [J]. Review of Accountind Studuties, 2019, 24: 189 - 229.

[143] INDERST R, MUELLER H. A lender - based theory of collateral [J]. Journal of Financial Economics, 2007, 84: 826 - 859.

[144] IOSIFIDI M, KOKAS S. Who lends to riskier and lower - profitability firms? Evidence from the syndicated loan market [J]. Journal of Banking & Finance, 2015, 61: S14 - S21.

[145] IRVINE P, PARK S, YILDIZHAN Ç. Customer - Base Concentration, Profitability, and the Relationship Life Cycle [J]. The

Accounting Review, 2016, 91: 883 -906.

[146] JAPPELLI T, PAGANO M. Information sharing, lending and defaults: Cross - country evidence [J]. Journal of Banking & Finance, 2002, 26: 2017 -2045.

[147] JIANG L, ZHOU H. The role of audit verification in debt contracting: evidence from covenant violations [J]. Review of Accounting Studies, 2017, 22: 469 -501.

[148] JIMÉNEZ G, SAURINA J. Collateral, type of lender and relationship banking as determinants of credit risk [J]. Journal of Banking & Finance, 2004, 28: 2191 -2212.

[149] KALE J, MENEGHETTI C. Supplier - customer considerations in corporate financial decisions [J]. IIMB Management Review, 2014, 26: 149 -155.

[150] KANG J, LIU W. Bank incentives and suboptimal lending decisions: Evidence from the valuation effect of bank loan announcements in Japan [J]. Journal of Banking & Finance, 2008, 32: 915 -929.

[151] KARAPETYAN A, STACESCU B. Does information sharing reduce the role of collateral as a screening device? [J]. Journal of Banking & Finance, 2014, 43: 48 -57.

[152] KIM J, SONG B, WANG Z. Special purpose entities and bank loan contracting [J]. Journal of Banking & Finance, 2017, 74: 133 -152.

[153] KRAFT P. Do rating agencies cater? Evidence from rating - based contracts [J]. Journal of Accounting and Economics, 2015, 59: 264 -283.

[154] KROLIKOWSKI M, YUAN X. Friend or foe: Customer - supplier relationships and innovation [J]. Journal of Business Re-

search, 2017, 78: 53 - 68.

[155] LIU M, MARGARITIS D, TOURANI - RAD A. Asymmetric information and price competition in small business lending [J]. Journal of Banking & Finance, 2011, 35: 2189 - 2196.

[156] LUGO S. Insider ownership and the cost of debt capital: Evidence from bank loans [J]. International Review of Financial Analysis, 2019, 63: 357 - 368.

[157] MA X, WANG W, WU J, ZHANG W. Corporate customer concentration and stock price crash risk [J]. Journal of Banking & Finance, 2020, 199.

[158] MAHFUZ C, FRANCO G, SU B. The effect of auditor litigation risk on clients' access to bank debt: Evidence from a quasi - experiment [J]. Journal of Accounting and Economics, 2021, 71.

[159] MARSHALL A, MCCANN L, MCCOLGAN P. Do banks really monitor? Evidence from CEO succession decisions [J]. Journal of Banking & Finance, 2014, 46: 118 - 131.

[160] MENKHOFF L, NEUBERGER D, RUNGRUXSIRIVORN O. Collateral and its substitutes in emerging markets' lending [J]. Journal of Banking & Finance, 2012, 36: 817 - 834.

[161] MENKHOFF L, NEUBERGER D, SUWANAPORN C. Collateral - based lending in emerging markets: Evidence from Thailand [J]. Journal of Banking & Finance, 2006, 30: 1 - 21.

[162] MERILAINEN J. Lending growth during the financial crisis and the sovereign debt crisis: the role of bank ownership type [J]. Journal of International Financial Markets, Institutions and Money, 2016, 41: 168 - 182.

[163] MINNIS M, SUTHERLAND A. Financial Statements as Monitoring Mechanisms: Evidence from Small Commercial Loans [J].

Journal of Accounting Research, 2017, 55: 197 – 233.

[164] NA H. Customer concentration types and public debt contracts [J]. Review of Accounting and Finance, 2020, 19: 247 – 269.

[165] NIINIMÄKI J. Does collateral fuel moral hazard in banking? [J]. Journal of Banking & Finance, 2009, 33: 514 – 521.

[166] OLIVERO M, LI Y, JEON B. Competition in banking and the lending channel: Evidence from bank – level data in Asia and Latin America [J]. Journal of Banking & Finance, 2011, 35: 560 – 571.

[167] ONALI E, et al.. CEO power, government monitoring, and bank dividends [J]. Journal of Financial Intermediation, 2016, 27: 89 – 117.

[168] ONO A, SAKAI K, UESUGI I. The effects of collateral on firm performance [J]. Journal of the Japanese and International Economies, 2012, 26: 84 – 109.

[169] PANDIT S, WASLEY C, ZACH T. Information Externalities along the Supply Chain: The Economic Determinants of Suppliers' Stock Price Reaction to Their Customers' Earnings Announcements [J]. Contemporary Accounting Research, 2011, 28: 1304 – 1343.

[170] PENNATHUR A, VISHWASRAO S. The financial crisis and bank – client relationships: Foreign ownership, transparency, and portfolio selection [J]. Journal of Banking & Finance, 2014, 42: 232 – 246.

[171] PEROTTI E. Bank lending in transition economies [J]. Journal of Banking & Finance, 1993, 17: 1021 – 1032.

[172] VALTA P. Competition and the cost of debt [J]. Journal of Financial Economics, 2012, 105: 661 – 682.

[173] RADHAKRISHNAN S, WANG Z, ZHANG Y. Customers'

Capital Market Information Quality and Suppliers' Performance [J]. Production and Operations Management, 2014, 23: 1690 - 1705.

[174] RAO P, YUE H, ZHU J. An investigation of credit borrower concentration [J]. Journal of Banking & Finance, 2015, 54: 208 - 221.

[175] ROBIN A, WU Q, ZHANG H. Auditor Quality and Debt Covenants [J]. Contemporary Accounting Research, 2017, 34: 154 - 185.

[176] SANTIKIAN L. The ties that bind: Bank relationships and small business lending [J]. Journal of Financial Intermediation, 2014, 23: 177 - 213.

[177] SCHMALZ M, SRAER D, THESMAR D. Housing Collateral and Entrepreneurship [J]. The Journal of Finance, 2017, 72: 99 - 132.

[178] SHIMIZU K. Bankruptcies of small firms and lending relationship [J]. Journal of Banking & Finance, 2012, 36: 857 - 870.

[179] STANTON K. Trends in relationship lending and factors affecting relationship lending efficiency [J]. Journal of Banking & Finance, 2002, 26: 127 - 152.

[180] STEIN R. The relationship between default prediction and lending profits: Integrating ROC analysis and loan pricing [J]. Journal of Banking & Finance, 2005, 29: 1213 - 1236.

[181] STROEBEL J. Asymmetric Information about Collateral Values [J]. The Journal of Finance, 2016, 71: 1071 - 1112.

[182] SUFI A. The Real Effects of Debt Certification: Evidence from the Introduction of Bank Loan Ratings [J]. The Review of Financial Studies, 2009 (22): 1659 - 1691.

[183] VASHISHTHA R. The role of bank monitoring in borrowers'

discretionary disclosure: Evidence from covenant violations [J]. Journal of Accounting and Economics, 2014, 57: 176 - 195.

[184] WANG J. Do firms' relationships with principal customers/suppliers affect shareholders' income? [J]. Journal of Corporate Finance, 2012, 18: 860 - 878.

[185] WANG J. Debt covenant design and creditor control rights: Evidence from the tightest covenant [J]. Journal of Corporate Finance, 2017, 44: 331 - 352.

[186] YANG Z. Customer concentration, relationship, and debt contracting [J]. Journal of Applied Accounting Research, 2017, 18: 185 - 207.

[187] YIN Z, QIU M, GAN L. Information contents of collateral under heterogeneous borrower qualities on the bank loans market in China [J]. China Economic Review, 2019, 57.

